音视频普及版

国学传世经典名师导读丛书

荀子

【战国】荀子◎著

总主编 胡大雷

主编 胡烜

漓江出版社

图书在版编目（CIP）数据

荀子／（战国）荀子著；胡大雷总主编. -- 桂林：
漓江出版社，2025.1. --（国学传世经典名师导读
丛书）. -- ISBN 978-7-5801-0041-2

Ⅰ. B22.6

中国国家版本馆 CIP 数据核字 2024VN4730 号

荀子　XUNZI

著　　　者	【战国】荀　子
总　主　编	胡大雷
主　　　编	胡　烜

出　版　人	梁　志
策 划 统 筹	林晓鸿　陈植武
责 任 编 辑	杨海涛
装 帧 设 计	林晓鸿　红杉林
责 任 监 印	杨　东

出 版 发 行	漓江出版社有限公司
社　　　址	广西桂林市南环路 22 号
邮　　　编	541002
发 行 电 话	010-65699511　0773-2583322　0771-4211361
传　　　真	010-85891290　0773-2582200
邮 购 热 线	0773-2582200　0771-4211361
网　　　址	www. lijiangbooks. com
微信公众号	lijiangpress

印　　　制	河北赛文印刷有限公司
开　　　本	710 mm×1000 mm　1/16
印　　　张	13
字　　　数	170 千字
版　　　次	2025 年 1 月第 1 版
印　　　次	2025 年 1 月第 1 次印刷
书　　　号	ISBN 978-7-5801-0041-2
定　　　价	36.80 元

前言

胡大雷

古今中外都说"上学读书"。读什么书，其中之一就是读国学经典。习近平总书记说："实现中国梦必须走中国道路、弘扬中国精神、凝聚中国力量。"中国精神，体现在中国人的行为实践中，也体现在国学经典里。国学经典集中传统文化的精华，把古往今来中国人的行为实践概括为语言文字，凝聚为学术知识。

从国学经典里，我们可以读到什么、学到什么？

第一，我们学到了中国人治国理政的作为、做人做事的规范。古代的"经书""垂世立教"，就是用以传承的治国理政的纲要，读"经书"，就是要懂得做人的规范，比如《论语》倡导的"仁礼孝德""温良恭俭让"等。做人要诚己刑物，以自己的真诚去匡正社会。

第二，我们坚定了以爱国主义为核心的民族精神，以此凝聚与铸牢中华民族共同体意识。《春秋》讲"大一统"，所谓"六合同风，九州共贯"；司马迁《史记》讲"大一统"，"大一统"是贯穿中华民族爱国主义精神的一条红线，成为中华民族的精神基因。从《诗经》到屈原的《离骚》，从杜甫的诗句中，从文天祥的《正气歌》、林则徐等人的作品中，我们看到国学经典中有着怎样的对国家民族的期望。爱国主义精神又体现在"天下兴亡，匹夫有责"的名言以及范仲淹"先天下之忧而忧，后天下之乐而乐"的豪言壮语中。

第三，我们读到了中国人的智慧。老子《道德经》说："上善若水，水善利万物而不争。"而且如此智慧的语言又体现在执行能力上，习近平总书记提出，领导者要有老子《道德经》所说"治大国，若烹小鲜"的态度。孟子云："穷则独善其身，达则兼济天下。"道儒两家为人处世的智慧体现在其中。《庄子》讲"无以人灭天，无以故灭命"，教导我们要与自然相适应；

讲"言者所以在意，得意而忘言"，昭示我们要探究事物更深层面的道理。墨子讲"言有三表"，指明判断真理的几大标准。孟子讲"说诗者，不以文害辞，不以辞害志"，讲知人论世，以智慧去实施文学批评。这些都值得当代人借鉴。

第四，我们读到了中国人建设美好家园的奋斗精神。国学经典中多有告诉我们如何通过奋斗来实现生活目标的叙写，如"愚公移山"。习近平总书记指出："我们要立下愚公移山志，咬定目标、苦干实干，坚决打赢脱贫攻坚战。""让我们大力弘扬愚公移山精神，大力弘扬将革命进行到底精神，在中国和世界进步的历史潮流中，坚定不移把我们的事业不断推向前进，直至光辉的彼岸。"这些重要论述，赋予传统文化中的奋斗精神以新的时代内涵。

第五，我们得到了文学的享受。国学经典各有文体，它们尽显各自的风采。从语言格式来说，有《诗经》的四言、《楚辞》的"兮"字，又有五言、七言及其律化，曲词的长短句，无所不用，只求尽兴尽情。除诗以外，文分散、骈，不拘一格，无不朗朗上口，贴切合心。从表达功能来说，或抒情，或说理，或叙事，使读者赏心悦目，便是上乘之作。

我们是中华民族的传人，一呱呱落地，就接受着传统文化的阳光雨露。我们每一个中国人，无论老幼，无论从事什么职业，都应该善于学习，多读国学经典。中华文化是我们的精神家园，国学经典是我们精神家园的文本载体。今天，我们读国学经典，就是树立做一个中国人的根本，就是为了传承中华优秀传统文化，令其生生不息，并赋予其新的时代内涵。

为了帮助广大读者学习和阅读国学经典，强化记忆，编者精心选编了这套国学经典丛书，设置名师导读、原文、注释、译文、名师点评、延伸阅读、学海拾贝或思考问答等版块，对原著进行分析解读，并在每本书中附加60分钟左右的音视频，范读内容均为经典段落、格言警句或诗词赏析。本套书参考引用了历代学者或今人的研究成果，未能详细列出，在此特别说明，并对众多国学研究者的辛勤劳动致以谢忱！

书 路 领 航

作者简介

　　荀子是先秦时期著名的思想家、文学家，是继孔子、孟子之后儒家学派重要的代表人物。

　　荀子本名况，又称"荀卿""孙卿"，战国末期赵国人，生卒年不详，约活动于公元前298年至公元前238年之间。据相关文献记载，荀子十五岁时来到齐国稷下学宫游学，曾三次出任稷下学宫的祭酒，其间广泛接触各派学说，形成了自己的思想学说体系。公元前265年左右，荀子来到秦国，向秦昭襄王推荐以儒治国的思想，由于秦国实行法治，他的建议未被采纳，返回齐国后，遭人诽谤，又来到楚国。公元前255年，荀子被春申君任为兰陵（在今山东临沂）令。当时有人认为荀子会对楚国造成危害，因此春申君罢免了荀子。于是荀子来到赵国，被赵孝成王拜为上卿。后来，春申君在门客的建议下请回荀子，再次任命荀子为兰陵令。公元前238年，齐国发生内乱，春申君被杀，荀子被罢官，之后定居兰陵，著书立说，直至老死。

　　荀子一生传道授业，培养了一大批学生，著名的思想家韩非、政治家李斯、大儒毛亨和浮邱伯等人都出自他的门下。荀子和他的弟子继承并发扬了儒家思想，为儒学的传承做出了重要贡献，对后世产生了深远的影响。后人赞誉荀子为"后圣"，将荀子和孔子、孟子并称"儒家三圣"。

创作背景

战国后期，诸侯兼并，战乱频繁，社会经历着划时代的变革。在这样的大动荡、大转型时期，许多思想家从不同的立场出发，对当时的社会治理提出自己的方案，逐渐形成了儒、道、墨、法、兵等不同学派，史称"诸子百家"。诸子百家之间相互辩论、抨击，在思想领域形成了"百花齐放，百家争鸣"的局面。

生活在这样的时代大背景下，荀子以儒学思想为核心，继承了孔子的礼乐学说，批判吸收了道家、法家、墨家、名家等学派的思想精华，融会贯通，逐渐形成了自己的思想体系，成为儒学思想的集大成者。

荀子早年游历诸国，游说各国君王实行王道、尊重礼法、爱护百姓，然而，儒家的学说并不符合当时的社会潮流，他的建议未被采纳。晚年，荀子退居兰陵。他看到政治黑暗，君主昏庸无道，社会风俗败坏，便推究儒家、墨家、道家活动的成功和失败，整理、著述了《荀子》一书。

《荀子》一书凝聚了荀子一生的思想成果，对后世研究先秦时期的经济、文化、政治等具有重要价值，对我们了解荀子的学说具有极大的帮助。

内容提要

全书现存三十二篇，本书收录十七篇，多由荀子亲笔著述，少数为其弟子整理。《荀子》的内容博大精深，涵盖哲学、逻辑、政治、道德、文学等诸多方面，全面而系统地反映了荀子的思想主张。

荀子的学说主要包括"性恶论""礼论""天人论""名实论"等。

"性恶论"是荀子思想学说的基石，主要反映在《性恶》篇中。与孟子的"性善论"不同，荀子认为，"人之性恶，其善者伪也"，即人的本性是邪恶的，善良的品行产生于后天人为的努力，并不是天生就有的。荀子认为，通过道德和政治的手段来制约，就能弃恶从善。

"礼论"是荀子最著名的思想之一，荀子在《礼论》篇详细论述了"礼"的起源、内容和作用等。荀子认为，礼是治国的根本，是"人道之极"，统治者要推行礼来调节和满足人们的物质欲望，确立社会等级制度。

"天人论"出自《天论》篇，是荀子思想中最具特色的一部分。荀子反对信仰天命鬼神，认为天有自己的运行规律，不以人的意志为转移，人世的祸福与天道无关，要"明于天人之分"，并"制天命而用之"。这一主张突出表现了人力的作用，强调人要利用自然、改造自然，从而造福于人，在当时具有很大的进步意义。

"名实论"源于《正名》篇，荀子指出，"名定而实辨，道行而志通，则慎率民而一焉"。制定了合适的名称，国家就能长治久安，百姓就能安居乐业。

除此之外，《荀子》中还提到了治学方法、修身之道、学术论述等方面的内容，对我们今天的学习生活、立身处世等具有重要的意义。

《荀子》全书规模宏大，本书摘选了一些经典章节，包括《劝学》《荣辱》《王制》《天论》《礼论》《正名》《性恶》《赋》等，章节中的文字，也有所删节。希望同学们通过阅读，可以把握荀子的思想风貌，学以致用。

目录

C O N T E N T S

劝 学

名师导读

　　此为《荀子》的开篇之作，比较系统地反映了荀子的教育理念、治学之道。文章劝勉人们要勤奋学习，既强调学习书本知识，更强调要向优秀人才学习，所谓"学莫便乎近其人"，值得我们深思。

【原文】

　　君子曰：学不可以已。青，取之于蓝^①，而青于蓝；冰，水为之，而寒于水。木直中^②绳，鞣^③以为轮，其曲中规^④。虽有槁暴^⑤，不复挺者，鞣使之然也。故木受绳则直，金就砺则利，君子博学而日参省^⑥乎己，则知明而行无过矣。

【注释】

①蓝：即蓼（liǎo）蓝，其叶子发酵后可用来提制染料。

②中：符合，适合。

③鞣（róu）：通"煣"，用火烤使木材弯曲。

④规：圆规，测圆的工具。

⑤槁（gǎo）暴（pù）：晒干。槁，枯。暴，通"曝"，晒。

⑥参（cān）省（xǐng）：对自己检查、省察。参，检验。省，省察。

扫码看视频

【译文】

　　君子说：学习没有止境。靛青是从蓼蓝中提取的，但是比蓼蓝还要青；冰是由水凝固而成的，但是比水还要寒冷。木材本合乎拉直的墨线，用火把它烘烤弯曲做成车轮，它的弯度符合圆规的要求。即使被火烤、晒干，它也不能重新挺直，这是因为烘烤弯曲使它变成这样啊。所以木材经墨线比量后才能变直，刀剑在磨刀石上打磨后才能变得锋利，君子广泛学习并且每天多次反省自己，就会智慧明达而在行为上没有过失了。

【原文】

　　故不登高山，不知天之高也；不临①深溪，不知地之厚也；不闻先王②之遗言，不知学问之大也。干、越、夷、貉③之子，生而同声，长而异俗，教使之然也。《诗》曰："嗟尔君子，无恒安息。靖共④尔位⑤，好是正直。神之⑥听之⑦，介尔景福⑧。"⑨神莫大于化道，福莫长于无祸。

【注释】

　　①临：对着。
　　②先王：指上古贤明君王。
　　③干、越、夷、貉：古国名。干，今天江苏一带。越，今天浙江一带。夷，东部地区的少数民族。貉，北部地区的少数民族。
　　④靖共：安心供职。共，通"供"。
　　⑤尔位：你的职位。
　　⑥神：治理。
　　⑦听：听政；坐朝处理政务，执政。
　　⑧介：助词。景福：大的福气。
　　⑨上述诗句见《诗经·小雅·小明》。

【译文】

　　所以不登上高山，不知道天到底有多高；不面临着深深的峡谷，不知道地到底有多厚；没有听到上古贤明君王留下来的教诲，不知道学问到底有多博大。干、越、夷、貉各地之人，出生的时候发声都是相同的，而长大以后却是不同的习俗，是教育使他们成为这样的。《诗经》里说："感叹啊你们这些君子，不要总是想着安安逸逸的。安心尽责你的职位，好使人归向于正直。兢兢业业治理朝政、处理国家大事，你将获得最大的幸福。"治理朝政最大的事就是以道化人，福气没有比无灾无祸更大的了。

【原文】

吾尝终日而思矣，不如须臾之所学也；吾尝跂^①而望矣，不如登高之博见也。登高而招，臂非加长也，而见者远；顺风而呼，声非加疾^②也，而闻者彰^③。假^④舆马者，非利足也，而致千里；假舟楫者，非能水也，而绝^⑤江河。君子生^⑥非异也，善假于物也。

【注释】

①跂：通"企"，踮起脚跟。

②疾：这里指声音洪亮。

③彰：清楚。

④假：凭借，利用。

⑤绝：横渡。

⑥生（xìng）：通"性"，资质，禀赋。

【译文】

我曾整天思考，但不如片刻学习获得的教益多；我曾踮起脚跟远望，但不如登到高处看得广。登高招手，手臂并没有加长，却能被远处的人看到；顺风呼唤，声音并不洪亮，却能被人听清楚。借助马车的人，并非特别能走路，但能到达千里之外；借助船只的人，并不擅长游泳，但能横渡江河。君子的本性和一般人没有差别，只不过善于借助外物罢了。

【原文】

南方有鸟焉，名曰蒙鸠，以羽为巢，而编之以发，系之苇苕①，风至苕折，卵破子死。巢非不完也，所系者然也。西方有木焉，名曰射干②，茎长四寸，生于高山之上，而临百仞③之渊，木茎非能长也，所立者然也。蓬生麻中，不扶而直。兰槐之根是为芷，其渐④之滫⑤，君子不近，庶人不服，其质非不美也，所渐者然也。故君子居必择乡，游⑥必就士，所以防邪僻而近中正也。

【注释】

①苇苕（tiáo）：芦苇的嫩条。

②射（yè）干：一种草药，根可入药。

③仞：古代长度单位。周制八尺为一仞。

④渐：浸染，浸泡。

⑤滫（xiǔ）：臭水。

⑥游：交际，交往。

【译文】

南方有一种鸟，名字叫蒙鸠，用羽毛筑巢，并用毛发将窝编结系到芦苇的嫩条上，风一吹芦苇折断，鸟窝摔到地上，鸟蛋摔破，幼鸟死亡。不能说窝不完善，只是由于窝所依托的地方使它这样。西方有一种草，名字叫作射干，根茎只有四寸长，生长在高山上，下临百丈的深渊，它的根茎没有加长，只是由于它生长的地方使它这样。蓬草生长在麻之中，不用扶持就是笔直挺立的。兰槐的根叫作芷，但是把它浸泡在臭水中，君子不靠近它，普通人也不随身佩戴它，不是它本质不好，而是它被臭水浸染过的缘故。所以，君子居住一定要选择好的环境，交往一定要结交有道德的人，这是为了防止走上邪路而保持内心正直。

【原文】

物类之起，必有所始。荣辱之来，必象^①其德。肉腐出虫，鱼枯生蠹^②。怠慢忘身，祸灾乃作。强自取柱，柔自取束。邪秽在身，怨之所构^③。施薪若一，火就燥也；平地若一，水就湿也。草木畴生^④，禽兽群焉^⑤，物各从其类也。是故质的^⑥张而弓矢至焉，林木茂而斧斤至焉，树成荫而众鸟息焉，醯^⑦酸而蚋^⑧聚焉。故言有召祸也，行有招辱也，君子慎其所立乎！

【注释】

①象：通"像"，依随。

②蠹：蛀虫。

③构：集聚。

④畴生：丛生。畴，通"俦"。

⑤群：类。

⑥质的：质，箭靶；的，箭靶上正中心的目标。

⑦醯（xī）：多汁的肉酱。

⑧蚋（ruì）：蚊子一类的虫子。

【译文】

万物的兴起，必定有它的起因；荣辱的获得，必定与德行好坏相依随。肉腐烂了就会生蛆，鱼干枯了就会有蛀虫。心生怠慢忘记了处身之道，自身就会兴起灾祸。强硬的东西自然会被用作支柱，柔软的东西自然被用来做绳子捆束东西。邪恶污秽在身，就是怨恨集聚之所。地上放着好像一样的木柴，总是干柴最容易先燃烧；平平的地面好像是一样的，哪个地方湿一些水就流过去了。草木丛生，禽兽们却是同类的聚集在一起，动物总是跟从自己的同类。因此，竖起箭靶、靶心闪闪，自然引得人们拉弓向它射箭，森林茂密自然引来手持斧头的砍伐者，树木成荫就会引来众鸟栖息，肉酱发酸于是各种蚊虫聚集而来。所以言语是会招来祸害的，行为是会招来耻辱的，君子对自己的立身处世一定要谨慎啊！

【原文】

积土成山，风雨兴焉；积水成渊，蛟龙生焉；积善成德，而神明^①自得，圣心备焉。故不积跬^②步，无以至千里；不积小流，无以成江海。骐骥一跃，不能十步；驽马十驾^③，功在不舍。锲而舍之，朽木不折；锲而不舍，金石可镂。蚓无爪牙之利，筋骨之强，上食埃土，下饮黄泉，用心一也。蟹六^④跪^⑤而二螯^⑥，非蛇鳝之穴无可寄托者，用心躁也。是故无冥冥^⑦之志者，无昭昭之明；无惛惛之事者，无赫赫之功。行衢道^⑧者不至，事两君者不容。目不能两视而明，耳不能两听而聪。腾蛇^⑨无足而飞，梧鼠五技而穷。《诗》曰："尸鸠在桑，其子七兮。淑人君子，其仪一兮。其仪一兮，心如结兮。"故君子结于一也。

【注释】

①神明：非凡的智慧。

②跬（kuǐ）：古代称跨出一脚为"跬"，跨出两脚为"步"。

③驾：指马车一天的行程。

④六：疑当作"八"。

⑤跪：蟹腿。

⑥螯：蟹钳。

⑦冥冥：指专心致志。

⑧衢道：岔路。

⑨螣蛇：古代传说中一种会飞的蛇。

【译文】

　　土堆积起来成为高山，风雨就在这里兴起；水流汇集起来成为深渊，蛟龙就在这里生长；不断地做善事养成高尚的品德，精神气质自然得到提升，达到圣人的境界。所以没有一步半步的行程积累，就不能走千里；没有小河流的汇聚，就不能成为江河大海。千里马一跃，不能超过十步；劣马跑十天（也可以到达千里之远），成功的原因就是不放弃。用锋利的刀具雕刻，如果刻刻停停，那么腐朽的木头也不能刻断；如果坚持不放弃，就是金属、石头也可以刻透。蚯蚓没有锋利的爪牙和强壮的筋骨，却能在地上吃泥土，入地喝泉水，这是由于它用心专一。螃蟹六条腿和两只蟹钳，但是如果没有蛇和鳝的洞穴，就没有容身之处，这是因为它用心浮躁。所以没有刻苦专一的精神，就不会有显著的成就；没有埋头苦干的实践，就不会有显赫的功绩。在歧路上行走的人是到达不到目的地的，同时侍奉两个君主的人，两个君主都不会容他。眼睛不能同时看两样东西还能看明白，耳朵不能同时听两种声音还能听清楚。螣蛇没有脚但能够飞翔，鼫鼠有五种技艺但还是没有办法摆脱困境。《诗经》上说："布谷鸟住在桑树上，它有七只幼鸟需要抚养。善良的君子们，你们的行为要专一啊。行为专一，心志才会坚定专一。"所以君子的心志总是很专一。

【原文】

　　昔者瓠巴①鼓②瑟而沉鱼出听，伯牙③鼓琴而六马④仰秣⑤。故声无小而不闻，行无隐而不形⑥，玉在山而草木润，渊生珠而崖不枯。为善不积邪，安有不闻者乎？

【注释】

①瓠巴：传说是古代善于弹瑟的人。

②鼓：弹。

③伯牙：传说是古代楚国人，以善于弹琴著名。

④六马：古代天子驾车的马。

⑤仰秣：仰起头来，连饲料也不吃了。秣，饲料。

⑥形：显露出来。

【译文】

以前的时候，瓠巴弹瑟，水底的鱼都浮出水面来听，伯牙弹琴，引得皇家马匹仰起头来，连饲料也不吃了。所以，声音再小哪里有听不到的，行为再隐蔽哪里有不显露出来的，山中有玉，草木就显得滋润，深渊有珍珠，临水崖壁就不会干枯。做人要多为善积累起来，不要担心世人会不知晓自己在做善事。

【原文】

学恶①乎始？恶乎终？曰：其数②则始乎诵经，终乎读礼；其义则始乎为士，终乎为圣人。真积力久则入，学至乎没③而后止也。故学数有终，若其义则不可须臾舍也。为之，人也；舍之，禽兽也。故《书》者，政事之纪也；《诗》者，中声之所止也；《礼》者，法之大分④、类之纲纪也。故学至乎《礼》而止矣。夫是之谓道德之极。《礼》之敬文⑤也，《乐》之中和⑥也，《诗》《书》之博也，《春秋》之微也，在天地之间者毕矣。

【注释】

①恶：疑问代词，哪里。

②数：学习的顺序。

③没：通"殁"，死亡。

④大分：要领，总纲。
⑤敬文：注重礼节、仪式。
⑥中和：中正平和。

【译文】

学习从哪里开始？在哪里结束？君子说：学习的顺序是从诵读经书开始，到读礼书终止；做学问的意义，从做一个读书人开始，到成为圣人而止。只有日积月累持久力行，才能入门而有所成就，故学习要终生坚持，到死才能够停止。所以，学习的顺序虽然是有终点的，若是从学习的意义上说则一刻也不能停止。这样做的，就是堂堂正正的人；不这样做的，就和动物一样。所以说《书》是记载古代政事的；《诗》是收集编辑了符合乐章标准的诗歌而成的；《礼》是礼法的总纲，也是各种条例的纲要。所以学习到《礼》就到了终点。这就叫作道德的最高境界。《礼》有敬重礼仪的规则，《乐》使人能够中正和悦，《诗》《书》的内容广博，《春秋》包含微妙的道理，这些典籍把天地间的一切事理都包括了。

【原文】

君子之学也，入乎耳，箸①乎心，布乎四体，形乎动静，端②而言，蝡③而动，一可以为法则。小人之学也，入乎耳，出乎口。口耳之间则四寸耳，曷④足以美七尺之躯哉！古之学者为己，今之学者为人。君子之学也，以美其身；小人之学也，以为禽犊⑤。故不问而告谓之傲，问一而告二谓之囋⑥。傲，非也；囋，非也。君子如向⑦矣。

【注释】

①箸：同"著"，明显，显著。
②端：通"喘"，细微的言行。

③ 顿：同"蠕"（rú）。

④ 曷：何。

⑤ 禽犊：家禽和小牛。古代用作馈赠的礼品。

⑥ 嚾（zàn）：啰唆。

⑦ 向：通"响"，回声。

【译文】

君子的学习，要把学到的听进耳朵里，记在心里，融会贯通到整个身体，表现在一举一动上面，即使是极细微的言行，都可以作为别人效法的榜样。小人的学习，把学到的听进耳朵里，又从嘴巴里说出来。嘴巴和耳朵之间只有四寸的距离，怎么能使自己七尺之躯的品德得到修养而完美呢？古时候的学习是为了自己进德修业，当今的学习是为了向人炫耀。君子的学习，是用来美化自己的身心；小人的学习，是为了将学问当成礼物来取悦别人。所以，别人不问却告诉他这是急躁，别人问一却答二就是啰唆。急躁是不对的，啰唆也不正确。君子问一答一，就像回声一样。

【原文】

学莫便乎近其人。《礼》《乐》法而不说，《诗》《书》故①而不切，《春秋》约而不速。方②其人之习君子之说，则尊以遍矣，周于世矣。故曰：学莫便乎近其人。

学之经③莫速乎好其人，隆礼次之。上不能好其人，下不能隆礼，安特④将学杂识志，顺《诗》《书》而已耳，则末世穷年，不免为陋儒而已。将原⑤先王，本仁义，则礼正其经纬蹊径也。若挈裘领，诎⑥五指而顿⑦之，顺者不可胜数也。不道礼宪，以《诗》《书》为之，譬之犹以指测河也，以戈舂黍也，以锥飡壶⑧也，不可以得之矣。故隆礼，虽未明，法士也；不隆礼，虽察辩，散儒也。

【注释】

① 故：过去的典故、掌故。

② 方：通"仿"，比拟，仿效。

③ 经：通"径"。

④ 特：只是。

⑤ 原：追究根源。

⑥ 诎（qū）：弯曲。

⑦ 顿：拉。

⑧ 以锥飧壶：用锥子到壶里取东西吃。飧，同"餐"。

【译文】

学习的途径没有比接近良师益友更便捷的了。《礼》《乐》记载了法度典章，但没有详尽地阐述这些义理；《诗》《书》记载了古代的掌故，但不见得切合现实；《春秋》简约而难于使人迅速理解。只有效仿良师益友而学习君子的学说，才能培养崇高的品德，得到全面的指教，通达世事。所以说：学习没有比接近良师益友更好的了。

学习的途径没有比向良师益友请教更迅速的了，其次是尊崇礼法。上不能请教良师益友，下不能尊崇礼法，只是支离破碎地学到一些杂家零碎的知识，记诵几句《诗》《尚》的教条而已，即使学到了老年，也只不过是一个知识浅陋的读书人。如果从古代圣王那里追源溯流，寻找仁义的根本，那么，学习礼法就像在纵横交错的道路里走上正确的途径。就像提起衣服的领子，五指弯曲抖一抖它，被理顺的绒毛就不可胜数了。如果做事不遵守礼法，只空谈《诗》《书》，就像用手指去测量河水的深度，用戈去舂米，用锥子代替筷子吃饭一样，是不能达到目的的。所以尊崇礼法，虽然不能明白事理，但仍然可以称作遵循礼法的读书人；不尊崇礼法，即使能够明察善辩，也不过是一个散漫而不自我约束的人。

【原文】

问楛①者，勿告也；告楛者，勿问也；说楛者，勿听也；有争气②者，勿与辩也。故必由其道至，然后接之，非其道则避之。故礼恭，而后可与言道之方；辞顺，而后可与言道之理；色从③，而后可与言道之致④。故未可与言而言谓之傲，可与言而不言谓之隐，不观气色而言谓之瞽。故君子不傲、不隐、不瞽，谨顺⑤其身。《诗》曰："匪交⑥匪舒⑦，天子所予。"⑧此之谓也。

【注释】

①楛（kǔ）：恶劣、不正当的事。

②争气：意气用事。

③色从：容色上表现出乐于听从。

④致：极致，最高的境界。

⑤顺：通"慎"。

⑥匪：不。交：通"绞"，急切。

⑦舒：缓。

⑧诗：此为《诗经·小雅·采菽》。

【译文】

问不合礼法的恶劣之事，不要回答；来诉说不合礼法的恶劣之事，不要去追问；谈论不合礼法的恶劣之事，不要听也不参与；态度野蛮好争意气者，别与他争辩。所以，一定是合乎礼义之道的，才给予接待，不合乎礼义之道的就回避他。所以，恭敬有礼的人，这才可与他谈论道的宗旨；言辞恭顺的人，才可与之谈论道的常规；容色态度诚恳的，才可与之谈论道的精深义蕴。所以，跟不可交谈者交谈，那叫做急躁；跟可与交谈者不交谈那叫怠慢；不看对方气色回应而交谈那叫盲目。因此，君子不可急躁，也不可怠慢，更不可盲目，要谨慎地对待自己的所作所为。《诗经》说："不浮躁不纾漫，才是天子所赞许的。"说的就是这个道理。

【原文】

百发失一，不足谓善射；千里跬步不至，不足谓善御；伦类不通，仁义不一，不足谓善学。学也者，固学一之也。一出焉，一入焉，涂①巷之人也。其善者少，不善者多，桀、纣、盗跖②也。全之尽之，然后学者也。

君子知夫不全不粹之不足以为美也，故诵数以贯之，思索以通之，为其人③以处之，除其害者以持养之，使目非是无欲见也，使耳非是无欲闻也，使口非是无欲言也，使心非是无欲虑也。及至其致好之也，目好之五色，耳好之五声，口好之五味，心利之有天下。是故权利不能倾也，群众不能移也，天下不能荡也。生乎由是，死乎由是，夫是之谓德操。德操然后能定，能定然后能应，能定能应，夫是之谓成人。天见其明，地见其光④，君子贵其全也。

【注释】

①涂：同"途"。

②盗跖（zhí）：春秋战国时期的一个大盗。

③为其人：指效法贤师良友。

④光：通"广"。

【译文】

射箭百次有一次没有中的，就不能说善于射箭；驾车行走千里，只要差半步不到，就不能叫作善于驾车；对于礼法不能融会贯通，对于仁义不能始终如一，就不能称作善于学习。学习，就是应该一心一意地坚持到底。一会儿不学，一会儿学，这只是街头巷尾的普通人。善的行为少，不善的行为多，就是桀、纣、盗跖一类的人。全面地掌握了所学的知识，还尽力按照所掌握的去实行，才能是好的学者。

君子懂得做学问不完备、不纯正是不能够被看作完美的，所以，要不断地诵读诗书，用心思索来融会贯通，身体力行以实践，除掉有害的东西来保养它，使眼睛不想去看与它无关的，使耳朵不想去听与它无关的，使嘴巴不想去说与它无关的，使心里不想去考虑与它无关的。等到极其爱好学习时，就像眼睛爱看五色，耳朵喜欢听五声，嘴巴喜欢吃五味，心里追求拥有天下那样。因此，这样的人，权势利禄不能动摇他，众人不能改变他，天下的任何事物都不能动摇他。活着是这样，死后也是这样，这就叫作有好的品德和操守了。具备了这样品德的人才能坚定不移，能够坚定不移，才能够应付自如，既能坚定不移，又能应付自如，可以称得上完美的人了。天空显现它的光明，大地显露它的广阔，君子最重要的是德行的完美与纯正。

名师点评

劝学，就是鼓励人努力学习，这在先秦有优秀的传统，《左传》中就把"务材、训农、通商、惠工、敬教、劝学、授方、任能"并列在一起，称其为发奋图强不可或缺之道。全文先后论述学习的重要性、学习态度、学习内容以及学习应当具有善始善终的态度，称如此才能"成人"，即成为有成就的人。

延伸/阅读

　　吕蒙是东汉末年东吴的名将，武艺高强，战功卓著，但学识浅薄。孙权劝他读书，他推说军中事务繁忙，无暇学习。孙权说："你以为我是要你研究儒家经典，去做博士吗？我只是要你去浏览书籍，了解过去发生过的事情。你说事情多，但谁会像我这样忙？我经常读书，自认为得到了很多好处。"于是吕蒙开始发愤读书。

　　后来有一天，鲁肃去拜访吕蒙，经过一番交谈后，鲁肃吃惊地对吕蒙说："如今你的才干，再不是当年吴郡的阿蒙了！"吕蒙说："士别三日，就应当刮目相看，大哥怎么现在才知道这个道理呢！"

学海/拾贝

☆ 青，取之于蓝，而青于蓝；冰，水为之，而寒于水。

☆ 吾尝终日而思矣，不如须臾之所学也；吾尝跂而望矣，不如登高之博见也。

☆ 蓬生麻中，不扶而直。

☆ 故君子居必择乡，游必就士，所以防邪僻而近中正也。

☆ 故不积跬步，无以至千里；不积小流，无以成江海。

☆ 锲而舍之，朽木不折；锲而不舍，金石可镂。

☆ 是故无冥冥之志者，无昭昭之明；无惛惛之事者，无赫赫之功。

☆ 真积力久则入，学至乎没而后止也。故学数有终，若其义则不可须臾舍也。

修 身

名师导读

　　本篇主要讲的是修养身心的问题。荀子认为，修养身心至关重要，不仅事关自己的安危，而且与国家存亡息息相关。修养身心的方法主要有三种，即遵循礼法、得到良师的教导、专一不二。其中，遵循礼法是修养身心的根本。走进文中，体会荀子的修身之术吧！

【原文】

　　见善，修然必以自存①也；见不善，愀然②必以自省也。善在身，介然必以自好也；不善在身，菑③然必以自恶也。故非我而当者，吾师也；是我而当者，吾友也；谄谀我者，吾贼④也。故君子隆师而亲友，以致恶其贼。好善无厌，受谏而能诫，虽欲无进，得乎哉？小人反是，致乱而恶人之非己也，致不肖而欲人之贤己也，心如虎狼、行如禽兽而又恶人之贼己也。谄谀者亲，谏争者疏，修正为笑，至忠为贼，虽欲无灭亡，得乎哉？《诗》曰："噏噏⑤呰呰⑥，亦孔⑦之哀。谋之其臧，则具是违；谋之不臧，则具是依。"此之谓也。

【注释】

①存：省问。

②愀（qiǎo）然：忧惧的样子。

扫码看视频

③菑（zī）：同"淄"，污染。

④贼：害人的人。

⑤噏（xī）噏：同"吸吸"，吸取，附和。

⑥呰（zǐ）呰：通"訾訾"，诋毁。

⑦孔：很。

【译文】

看到善良的品行，一定要拿它来认真地对照自己有没有这样的良好品行；看到不好的行为，一定要怀着忧惧的心情拿它来反省自己。自己身上如果有好的品行，一定要坚定不移地珍视自身；自己身上有了不良品行，一定要像受到污染似的厌恶自己。所以，批评我而又批评得恰当的人就是我的老师；认同我而又认同得恰当的人就是我的朋友；对我谄媚阿谀的人，是陷害我的贼人。所以，君子敬重老师，亲近朋友，极端厌恶那些陷害自己的人。喜欢好的品行而不感到满足，能接受别人的劝告并引以为戒，即使自己不想进步，又怎么可能呢？小人却是与此相反的，自己已经非常昏乱了，还厌恶别人对自己的责备；自己已经非常无能了，却想让他人说自己贤能；心思像虎狼一样，行为像禽兽一样，又不许别人指出自己的罪行。亲近那些阿谀奉承自己的人，疏远那些劝谏自己的人，讥笑那些帮助自己改错的人，把对自己忠心的人当作害自己的人，即使他不想走向灭亡，又怎么可能呢？《诗经》上说："乱附和又乱诋毁，这就是一种很悲哀的事。为自己好的谋划，偏偏去违背；对自己不好的谋划，反而都依照着做。"说的就是这种人。

【原文】

扁①善之度，以治气养生则后彭祖②，以修身自名则配尧、禹。宜于时通，利以处穷，礼信是也。凡用血气、志意、知虑，由礼则治通，不由礼则勃③乱提④僈⑤；食饮、衣服、居处、动静，由礼则和节，不由礼则触陷生疾；容貌、态度、进退、趋行，由礼则雅，不由礼则夷⑥固僻违，庸众而野。故人无礼则不生，事无礼则不成，国家无礼则不宁。《诗》曰："礼仪卒度，笑语卒获。"此之谓也。

【注释】

①扁：通"遍"，到处，全面。

②彭祖：尧臣，名铿。传说他活了八百岁。

③勃：通"悖"。

④提：通"偍""媞"，舒缓。

⑤僈（màn）：通"漫"。

⑥夷：傲慢。

【译文】

礼法是无往而不善的，用来理气养生可使寿命仅次于彭祖，用来修身自强则可与尧和大禹媲美。既能够在顺境适宜通达，又利于在逆境立身处世，靠的就是礼法和信义。凡是运用感情、意志和思虑的时候，遵循礼法就会顺利通达，不遵循礼法就会颠倒混乱；凡是饮食、穿衣、居住、行动方面，都遵循礼法就能和谐有序，不遵循礼法就会触犯禁忌而生病；凡是容貌、态度、进退、走路方面，遵从礼法就会显得文雅，不遵从就会显得傲慢孤僻，庸俗粗野。所以，做人不遵循礼法就无法生存，做事不遵循礼法就无法成事，国家不遵循礼法就无法安宁。《诗经》上说："礼仪都要符合法度，说笑都要符合时机。"说的就是这个道理。

【原文】

治气养心之术：血气刚强，则柔之以调和；知①虑渐②深，则一之以易良；勇胆猛戾，则辅之以道顺；齐给便利，则节之以动止；狭隘褊小，则廓之以广大；卑湿重迟贪利，则抗之以高志；庸众驽散，则刦③之以师友；怠慢僄④弃，则炤⑤之以祸灾；愚款端悫⑥，则合之以礼乐，通之以思索。凡治气养心之术，莫径由礼，莫要得师，莫神一好。夫是之谓治气养心之术也。

【注释】

① 知：通"智"。
② 渐：通"潜"。
③ 刦（jié）：同"劫"。
④ 僄（piào）：轻薄。
⑤ 炤：同"昭"，明显，显著。
⑥ 悫（què）：诚实，谨慎。

【译文】

　　调理性情、修养身心的方法：血气方刚的人，用平心静气的方法来调理；思想深沉的人，用平易温良的方法来调整；勇猛凶暴的人，就用训导的方法来辅助他；行为匆忙的人，就用动静有法来教育他；心底狭隘的人，就用宽宏大度来开导他；卑下、迟钝、贪婪的人，就用高尚的志向来激发他；庸庸碌碌、愚钝散漫的人，就用良师益友来改造他；懒散放荡、自暴自弃的人，就晓之以祸害，使他警醒；愚笨单纯的人，就用礼乐来调和他，启发他深思熟虑。凡是调理性情的方法，无不是通过礼法，其要领无不是得到良师，其精诚无不是用心专一。这就是调理性情、修身养性的方法。

【原文】

　　志意修则骄富贵，道义重则轻王公，内省而外物轻矣。传曰："君

子役物，小人役于物。"此之谓矣。身劳而心安，为之；利少而义多，为之。事乱君而通，不如事穷君而顺焉。故良农不为水旱不耕，良贾①不为折阅②不市③，士君子不为贫穷怠乎道。

【注释】

①贾：商人。
②折（shé）阅：亏损。
③市：做买卖。

【译文】

志向高远就会鄙视富贵，以道义为重就会藐视王侯公卿，这是由于从内心能够省察自己，就觉得外物轻微了。古书上说："君子支配外界事物，小人则被外界事物支配。"说的就是这个道理。即使身体劳苦，但内心却安定，就去做；虽然利益很少，但意义重大，就去做。侍奉一个暴君而通达显赫，还不如侍奉穷困的君主而顺理成章。所以，一个好的农民不因为水旱灾害就放弃耕种，一个好的商人不会因为一时的亏损就放弃经营，士人君子不会因为贫穷就懈怠道义。

【原文】

体恭敬而心忠信，术①礼义而情爱人，横行天下，虽困四夷，人莫不贵。劳苦之事则争先，饶乐之事则能让，端悫诚信，拘守而详，横行天下，虽困四夷，人莫不任。体倨固而心执诈，术顺墨②而精③杂污，横行天下，虽达四方，人莫不贱。劳苦之事则偷儒④转脱，饶乐之事则佞⑤兑⑥而不曲⑦，辟⑧违而不悫，程役⑨而不录，横行天下，虽达四方，人莫不弃。

【注释】

①术：通"述"，遵循。

②顺：顺从阿谀。墨：贪污营私。

③精：通"情"。

④偷儒：苟且偷安，懒惰。儒，通"懦"，指怕事。

⑤佞：口齿伶俐。此指施展口才不顾一切地争抢。

⑥兑：通"锐"，锐利，也指口齿伶俐。

⑦不曲：不转弯。指毫不谦让地直取之。

⑧辟：偏僻，邪僻。

⑨程役：逞欲。

【译文】

外表恭敬而且心怀忠信，遵循礼义而且性情友善，这样的人走遍天下，即使困厄于四方少数民族地区，别人没有不尊重他的。劳苦的事情就争先去做，享乐的事情就让给别人，端正诚信，谨守法度而又明察事理，这样的人走遍天下，即使困厄于四方少数民族地区，人们没有不信任他的。态度倨傲而内心险恶，一味阿谀营私而深情于异端邪说，这样的人走遍天下，即使显赫四方，人们没有不轻贱他的。劳苦的事情就偷懒畏惧，享乐的事情就口齿伶俐、毫不谦让地进行争夺，邪僻而不诚信，放纵而不约束，这样的人走遍天下，即使显赫四方，人们没有不唾弃他的。

【原文】

好法而行，士也；笃志而体，君子也；齐①明而不竭，圣人也。人无法，则伥伥然；有法而无志其义，则渠渠然②；依乎法而又深其类，然后温温然。

礼者，所以③正身也；师者，所以正礼也。无礼，何以正身？无师，吾安知礼之为是也？礼然而然，则是情④安礼也；师云而云，则是知若师也。情安礼，知若师，则是圣人也。故非礼，是无法也；非师，是无师也。不是师法而好自用，譬之是犹以盲辨色，以聋辨声也，舍乱妄无为也。故学也者，礼法也。夫师，以身为正仪而贵自安者也。《诗》云："不识不知，顺帝之则⑤。"此之谓也。

【注释】

①齐：敏捷。

②渠渠然：局促不安的样子。渠，通"遽"，匆忙。

③所以：用来……的东西。

④情：性情。

⑤则：法则。

【译文】

坚持按照礼法来办事，是士；有坚定的意志而又身体力行的，是君子；思维敏捷而又永不枯竭，是圣人。不遵守礼法将无所适从；有了礼法但不理解它的含义，就会局促不安；依照礼法而又深知它的规则，就会得心应手。

礼法，是用来端正自己的行为的；老师，是为了正确解释礼法的。没有礼法，拿什么来端正自己的行为呢？没有老师，我怎么知道礼法是什么样子的呢？礼法如何规定就如何去做，这就是性情习惯于遵礼而行；老师说什么就认同什么，那么智慧就如同老师。性情符合礼法，智慧如同老师，就是圣人了。所以，违背礼法，就没有法度；违背老师，就是心中没有老师。不遵照老师的教导和礼法的规定，喜欢自作主张，就像一个盲人来辨别颜色，一个耳聋的人来辨别声音一样，除了胡作非为，再也不会有什么作为了。所以，学习的宗旨就是学习礼法。老师就是要以身作则，而且重要的是安心于遵礼而行。《诗经》上说："不知不觉，顺应上天的法则。"说的就是这种情况。

【原文】

君子贫穷而志广，富贵而体恭，安燕①而血气不惰，劳倦而容貌不枯，怒不过夺，喜不过予。君子贫穷而志广，隆仁也；富贵而体恭，杀势也；安燕而血气不惰，柬理也；劳勌而容貌不枯，好交也；怒不过夺，喜不过予，是法胜私也。《书》曰："无②有作好，遵王之道；无有作恶，遵王之路。"此言君子之能以公义胜私欲也。

【注释】

①燕：通"宴"，安逸。
②无：通"毋"，不。

扫码看视频

【译文】

君子处境困难而志向远大，富贵而态度恭敬，安逸而不懈怠，劳累疲惫而容貌庄重，在盛怒的时候也不惩罚过重，在喜悦的时候也不赏赐过多。君子处境困难而志向远大，这是由于推崇仁爱；富贵而态度恭敬，这是由于不以权势作威作福；安逸而精神不懈怠，这是遵礼奉法所致；在劳累疲倦的时候容貌庄重，是由于注重礼节；在盛怒的时候能够惩罚不过重，在喜悦的时候能够赏赐不过多，这是由于礼法战胜了私欲。《尚书》中说："没有个人的喜好，只有遵循古代圣

王之道；没有个人的憎恶，只有遵循古代先王之路。"这就是君子为什么能够用公理、正义战胜私欲的原因。

点师名评

《大学》中说："身修而后家齐，家齐而后国治。"儒家认为，修身是治理家国的前提，因此十分注重修身。荀子的修身观尤其注重礼法和师友的作用，主张"由礼""隆师而亲友"，即通过礼法来约束自己的行为，以良师益友为学习的榜样。今天看来，修身即严格要求自己，从自我做起，荀子的修身观对我们来说具有启迪意义。

延伸/阅读

东汉时期有一个叫杨震的人，他自幼好学，知识渊博，被誉为"关西孔子"。大将军邓骘听说了他的名声，就派人征召他，推举他为秀才，多次提升他的官职。有一次，杨震在赴任途中经过昌邑（今山东昌邑），昌邑县令王密曾受过杨震的恩惠，特来拜见他，并在晚上怀揣着金子来送给杨震。杨震说："我了解你，你却不了解我，为什么呢？"王密没听出杨震的责备之意，说："天黑，没人知道。"杨震说："天知，神知，你知，我知，怎么能说没人知道呢？"王密听后，满脸羞愧地拿着金子离开了。

学海/拾贝

☆ 见善，修然必以自存也；见不善，愀然必以自省也。

☆ 故君子隆师而亲友，以致恶其贼。

☆ 故人无礼则不生，事无礼则不成，国家无礼则不宁。

☆ 凡治气养心之术，莫径由礼，莫要得师，莫神一好。

☆ 志意修则骄富贵，道义重则轻王公，内省而外物轻矣。

☆ 礼者，所以正身也；师者，所以正礼也。

不 苟

名师导读

　　本篇阐述了君子与小人的区别，"苟"，就是不合理，指出君子立身行事不能苟且妄为，不能做不合理的事，必须遵循礼义。同时，文章认为，要做到"不苟"，真诚是最好的方法，君子具备了诚信的美德，不为"欲""利"所惑，就可以克服片面性而合理做事。

【原文】

　　君子行不贵苟难，说不贵苟察，名不贵苟传，唯其当之为贵。故怀负石而赴河，是行之难为者也，而申徒狄①能之；然而君子不贵者，非礼义之中也。山渊平，天地比②，齐、秦袭③，入乎耳，出乎口，钩有须④，卵有毛，是说之难持者也，而惠施⑤、邓析⑥能之；然而君子不贵者，非礼义之中也。盗跖吟口⑦，名声若日月，与舜、禹俱传而不息；然而君子不贵者，非礼义之中也。故曰：君子行不贵苟难，说不贵苟察，名不贵苟传，唯其当⑧之为贵。《诗》曰："物其有矣，惟其时矣。"此之谓也。

【注释】

　　①申徒狄：商朝末年人，因恨道不行而抱石投河自杀。

②比：相等。

③袭：合。

④钩有须：妇女体内含有产生胡须的因素，所以说妇女有胡须。钩，通"姁（xū）"，妇女。

⑤惠施：战国中期宋国人，曾任梁相，名家的代表人物之一。

⑥邓析：春秋时郑国人，刑名学家。

⑦吟口：传颂于众人之口。

⑧当：对等，符合。

扫码看视频

【译文】

　　君子不以做了不合乎礼义的难事为可贵，君子的言说不以不合乎礼义的明察为可贵，君子的名声不以不合乎礼义的流传为可贵，只有以符合礼义的恰当为可贵。所以，怀抱石头投河自杀，这是一般人所难以做到的事情，但是申徒狄能够做到；可是君子并不认为他的行为可贵，因为这是不符合礼义的。高山和深渊是相平的，天和地一样高，齐国和秦国是相连的，这种话听到耳朵里，从口中说出来，妇女长有胡须，卵中含有产生羽毛的因素，这些都是难以把握的辩说，惠施和邓析却能加以辩论；然而君子不认为这些学说可贵，是因为它们不符合礼义。盗跖为民间所传颂，名声好比日月，与舜、禹齐名而流传不息；然而君子不看重这样的名声，因为它不符合礼义。所以说：君子不以做了不合乎礼义的难事为可贵，君子的言说不以不合乎礼义的明察为可贵，君子的名声不以不合乎礼义的流传为可贵，只有以符合礼义为可贵。《诗经》上说："多么丰富的物产啊，都是适时而生的啊。"说的就是这种道理。

【原文】

　　君子易知而难狎①，**易惧而难胁，畏患而不避义死，欲利而不为**

所非，交亲而不比^②，言辩而不辞。荡荡乎，其有以殊于世也。

君子能亦好，不能亦好；小人能亦丑，不能亦丑。君子能则宽容易直以开道^③人，不能则恭敬缚^④绌^⑤以畏事人；小人能则倨傲僻违以骄溢人，不能则妒嫉怨诽以倾覆人。故曰：君子能则人荣学焉，不能则人乐告之；小人能则人贱学焉，不能则人羞告之。是君子、小人之分也。

【注释】

①狎（xiá）：不庄重的亲近。

②比：勾结。

③道：同"导"。

④缚：通"撙（zǔn）"，抑制。

⑤绌：减损，贬低，使不足。

【译文】

君子容易结交而难以亵渎，容易害怕而难以胁迫，害怕患难但会为仁义去死，追求利益而不为非作歹，和人亲密交往但不结党营私，言语富有哲理而不华丽。坦坦荡荡啊，君子是与世俗有所不同的。

君子有才能很好，没有才能也好；小人有才能丑陋，没有才能也丑陋。君子有才能就会宽容平和地教导别人，没有才能也可以恭敬地尊重、侍奉他人；小人有才能就桀骜不驯，对人骄横无礼，没有才能就忌妒、埋怨、排挤他人。所以说：君子有才能，人们以向他学习为光荣，没有才能，人们也乐意告诉他；小人有才能，人们以向他学习为耻辱，没有才能，人们也羞于告诉他。这就是君子、小人的区别。

【原文】

君子崇人之德，扬人之美，非谄谀也；正义①直指，举人之过，非毁疵也；言己之光美，拟于舜、禹，参于天地，非夸诞也；与时屈伸，柔从若蒲苇，非慑怯也；刚强猛毅，靡所不信②，非骄暴也。以义变应，知当曲直故也。《诗》曰："左之左之，君子宜之；右之右之，君子有之。"此言君子能以义屈信变应故也。

【注释】

①义：通"议"，议论。
②信：通"伸"，伸展。

【译文】

君子崇尚别人的道德，宣扬他人的美德，这不是阿谀奉承；公正并直率地指出他人的过错，这不是毁谤；说起自己的道德高尚，拿舜、禹来打比方，和天地相参配，这不是过于夸大乱说；在时事不利的时候能屈能伸，柔顺得好像蒲草、芦苇一样，这不是胆小怯懦；刚强猛毅而勇往直前，从不向人屈服，这不是骄傲狂暴。这些都是君子用义来适应各种变化，因时或伸或屈的缘故。《诗经》上说："该在左就在左，君子在左无不可；该在右就在右，君子在右也常有。"这就是说君子用义来融会贯通应对各种变故。

【原文】

君子，小人之反也。君子大心则天而道，小心则畏义而节；知则明通而类，愚则端悫而法；见由则恭而止，见闭则敬而齐；喜则和而理，忧则静而理；通则文而明，穷则约而详。小人则不然，大心则慢而暴，小心则淫而倾；知则攫盗而渐①，愚则毒贼而乱；见由则兑②而倨，见闭则怨而险；喜则轻而翾③，忧则挫而慑；通则骄而偏，穷则弃而儑④。传曰："君子两进，小人两废。"此之谓也。

【注释】

①渐：奸诈。

②兑：通"悦"。

③翾（xuān）：通"儇"，急躁。

④儑：通"隰（xí）"，卑下。

【译文】

君子和小人是相反的。君子往大的方面用心，就会敬重上天且遵循道义，往小的方面用心，就会畏惧道义而有所节制；有智慧就会明白事理而触类旁通，愚笨就会端正诚信而遵纪守法；如果被任用就会恭敬而不放纵，如果不被任用就会肃敬而庄重；如果高兴了就会平和而守理，如果忧愁了就会冷静而理智；如果显贵就会文雅而明智，如果困窘就会简约而安详。小人就不是这样，如果往大的方面用心就会傲慢而粗暴，如果往小的方面用心就会邪恶而倾轧别人；如果聪明就会巧取豪夺而用尽心机，如果愚钝就会狠毒残忍而作乱；如果被任用就会高兴而傲慢，如果不被任用就会怨恨而险恶；如果高兴了就会轻浮而急躁，如果忧愁了就会垂头丧气而心惊胆战；如果显贵就会骄横而不公正，如果困窘就会自暴自弃而志趣低下。古书上说："君子在相对的两种情况下都在进步，小人在相对的两种情况下都在堕落。"说的就是这种情况。

【原文】

君子治①治②，非治乱也。曷谓邪？曰：礼义之谓治，非礼义之谓乱也。故君子者，治礼义者也，非治非礼义者也。然则国乱将弗治与？

曰：国乱而治之者，非案③乱而治之之谓也，去乱而被之以治；人污而修之者，非案污而修之之谓也，去污而易之以修。故去乱而非治乱也，去污而非修污也。治之为名，犹曰君子为治而不为乱，为修而不为污也。

【注释】

①治：治理，管理。

②治：指符合礼义的事。与"乱"相对。

③案：通"按"，依据。

【译文】

　　君子治理安定的国家，不治理混乱的国家。为什么这么说呢？我认为：有了礼义就会治理得好，没有礼义就会天下大乱。所以君子只治理符合礼义的国家，不会去治理不符合礼义的国家。既然这样，国家混乱的时候将怎么治理呢？我说：国家混乱而去治理它，并不是说在那混乱的基础上去治理它，而是要除去混乱，再给它建立秩序；就像人的外表或思想肮脏了而去整治一样，并不是说在那肮脏的基础上去整治，而是要除去肮脏而换上美好的外表或思想。所以除去混乱并不等于整治混乱，除去肮脏并不等于整治肮脏。整治作为一个概念，就等于说君子只去治理安定的国家而不治理混乱的国家，只做美好的事而不做肮脏的事。

【原文】

　　君子养心莫善于诚，致诚则无它事矣，唯仁之为守，唯义之为行。诚心守仁则形，形则神，神则能化矣；诚心行义则理，理则明，明则能变矣。变化代兴，谓之天德①。天不言而人推高焉，地不言而人推厚焉，四时不言而百姓期焉。夫此有常，以至其诚者也。君子至德，嘿^②然而喻，未施而亲，不怒而威。夫此顺命，以慎其独者也。善之为道者，不诚则不独，不独则不形，不形则虽作于心，见于色，出于言，民犹若^③未从也，虽从必疑。天地为大矣，不诚则不能化万物；圣人为知矣，不诚则不能化万民；父子为亲矣，不诚则疏；君上为尊矣，不诚则卑。夫诚者，君子之所守也，而政事之本也。唯所居以其类至^④，操之则得之，舍之则失之。操而得之则轻，轻则独行，独行而不舍则济矣。济而材尽，长迁而不反其初，则化矣。

【注释】

①天德：合乎自然规律的德行。改革旧质叫作变，引诱向善叫作化，这种除旧布新的德行交相为用，就像阴阳更替一般，所以称为"天德"。

②嘿：同"默"。

③若：然。

④唯所居以其类至：指天地诚则能化万物，圣人诚则能化万民，父子诚则亲，君上诚则尊。

【译文】

君子修养身心莫过于诚信了，达到诚信的极致就不用从事其他事情了，只要保持一颗仁爱之心，行为符合道义就行了。真心实意地坚持仁德，仁德就会在行为上表现出来，仁德在行为上表现出来，就显得神明，显得神明就能感化别人了；真心实意地奉行道义，就会变得做事有条理，做事有条理了，就能明察事理，明察事理就能改造别人了。改造和感化轮流起作用，这叫作天德。上天不说话而人们都推崇它的高远，大地不说话而人们都推崇它的厚重，四季不说话而百姓都知道春、夏、秋、冬更替的时间。这些都是有了常规因而达到真诚的。君子有了极高的德行，虽沉默不言而人们也都明白，没有施舍而人们却亲近他，不用发怒就很威严。这是顺从了天道因而能真诚地专一于仁义。要做行道的人，如果不真诚，就不能专一于仁义；不能专一于仁义，道义就不能在日常行动中表现出来；道义不能在日常行动中表现出来，那么即使发自内心，表现在脸色上，发表在言论中，人们仍然不会顺从他；即使顺从他，也一定迟疑不决。天地是最大的，不真诚就不能化育万物；圣人是明智的，不真诚就不能感化万民；父子之间是亲密的，不真诚就会疏远；君主是尊贵的，不真诚就会受到鄙视。真诚，是君子所坚守的，也是政事的根本。只要真诚，同类就会聚拢来了；保持真诚，就会获得同类；丢掉真诚，就会失去同类。保持真诚而获得了同类，那么感化他们就容易了；感化他们容易了，那么专一于仁义的作风就能流行了；专一于仁义的作风流行了再紧抓不放，那么所做的事情就会成功了。事情成功了，他们的才能就会完全发挥出来，而且会永远使人向善而不返回本性，这样就完全被感化了。

【原文】

公生明，偏生暗，端悫生通①，诈伪生塞，诚信生神，夸诞生惑。此六生者，君子慎之，而禹、桀所以分也。

欲恶取舍之权：见其可欲也，则必前后虑其可恶也者；见其可利也，则必前后虑其可害也者；而兼权之，孰②计之，然后定其欲恶取舍。如是，则常不失陷矣。凡人之患，偏伤之也。见其可欲也，则不虑其可恶也者；见其可利也，则不顾其可害也者。是以动则必陷，为则必辱，是偏伤之患也。

【注释】

①通：通达。
②孰：同"熟"，周密，详细。

【译文】

公正便会产生明察，偏私便会产生暗昧，端正谨慎会产生通达，欺诈虚伪会产生闭塞，真诚老实会产生神明，虚妄荒诞会产生惑乱。这六种情况，君子要谨慎对待，也是禹和桀不同的地方。

衡量好恶和取舍的标准：看见想要追求的东西，就必须前前后后考虑一下它令人厌恶的一面；看到有利可图的东西，就必须前前后后考虑一下它的危害性；权衡两方面的利害，仔细考虑一下，然后决定是喜欢还是厌恶、是获取还是舍弃。像这样就往往不会失误了。大多数人的祸患，往往是片面性害了他们。看见想要追求的东西，就不考虑它令人厌恶的一面；看到可以得利的东西，就不考虑它可能造成的危害。因此行动起来就必然出错，做事就必然受辱，这是片面性造成的祸患。

名师点评

《修身》主要讲怎样成为一个君子，而《不苟》进一步阐述了君子怎样才能合理做事。文章开篇点明主旨，指出"礼"是君子合理做事的最高标准；接着通过君子和小人之间的对比，表达了对君子美好品质的赞美和对小人不良行径的批判。随后，荀子特别强调了君子保持诚信的重要性，认为诚信是君子立身之基、做事之本。最后指出君子合理做事要谨慎对待的六种态度，此中以"公生明"为首。文章中心突出，所倡导的以"不苟"追求做事的合理性，现在来说就是做事要合情、合理、合法，如此一丝不苟，对锤炼健康人格、维护社会和谐具有重要作用。

延伸/阅读

　　江苏吴县(今苏州吴中区)有一个叫蔡璘的人。他为人真诚,洁身自好,一向重视承诺和责任。曾有一位朋友把上千两银子寄存在他那里,没有写下任何字据。没多长时间,这位朋友去世了。蔡璘将朋友的儿子叫过来,想把朋友生前留下的那上千两银子还给他。朋友的儿子听说后,十分诧异,连忙推辞说:"哎呀!没有这种事,谁会在别人那里寄存上千两银子却不写字据呢?再说,我父亲也没有跟我提过这事呀。"蔡璘笑着说:"字据没有写在纸上,而是写在了我的心里。你父亲相信我的为人,所以才没有告诉你。"之后,蔡璘将那上千两银子装到车上,送还给了他。

学海/拾贝

☆ 君子行不贵苟难,说不贵苟察,名不贵苟传,唯其当之为贵。

☆ 君子能则人荣学焉,不能则人乐告之;小人能则人贱学焉,不能则人羞告之。

☆ 礼义之谓治,非礼义之谓乱也。

☆ 君子养心莫善于诚,致诚则无它事矣,唯仁之为守,唯义之为行。

☆ 夫诚者,君子之所守也,而政事之本也。

☆ 凡人之患,偏伤之也。

荣 辱

名师导读

　　本文提出"荣辱之大分"在于各自所为，人的"才性知能"本来是一样的，之所以有"天子、诸侯、大夫、官人百吏、庶人、奸人"，是各自做了各自的事决定的。所以，每个人应该重视"求之之道"，即重视人生道路的追求，这个人生道路就是"仁义道德"，这是"常安之术"。

【原文】

　　快快而亡者，怒也；察察而残者，忮①也；博而穷者，訾也；清之而俞浊者，口也；豢之而俞②瘠者，交也；辩而不说者，争也；直立而不见知者，胜也；廉而不见贵者，刿③也；勇而不见惮④者，贪也；信而不见敬者，好剸⑤行也。此小人之所务而君子之所不为也。

【注释】

　　①忮（zhì）：忌恨。

　　②俞：通"愈"。

　　③刿（guì）：刺伤，伤人。

　　④惮：害怕。

　　⑤剸：同"专"。

【译文】

由于一时的痛快而导致灭亡的，是愤怒招致的；明察一切却遭到残害的，是忌恨招致的；知识渊博而处境困厄的，是毁谤招致的；想要清白的名声却名声更坏，是说话不当招致的；款待别人而交情越来越淡薄，是以利相交招致的；能言善辩而不被人喜欢，是争执招致的；立身正直而不被人理解，是好胜招致的；行为正直而不受人尊重，是尖刻伤人招致的；勇猛无比而不受人敬畏，是贪婪招致的；恪守信用而不受人尊敬，是独断专行招致的。这些都是小人所为而君子不为的事情。

【原文】

有狗彘之勇者，有贾盗之勇者，有小人之勇者，有士君子①之勇者：争饮食，无廉耻，不知是非，不辟②死伤，不畏众强，恈恈然③唯利饮食之见，是狗彘之勇也。为事利，争货财，无辞让，果敢而振，猛贪而戾，恈恈然唯利之见，是贾盗之勇也。轻死而暴，是小人之勇也。义之所在，不倾于权，不顾其利，举国而与之不为改视，重死持义而不桡④，是士君子之勇也。

【注释】

①士君子：有志操和学问的人。

②辟：躲避。

③恈（móu）恈然：非常贪婪的样子。

④桡（náo）：屈服。

扫码看视频

【译文】

有狗、猪般的勇敢，有商人、盗贼的勇敢，有小人的勇敢，有士君子的勇敢；争喝抢吃，没有廉耻，不懂是非，不避死伤，不怕众人的强大，贪婪得只看到吃喝，这是狗、猪的勇敢。做事为了利益，争夺财物，没有推让，行动果断大胆而狠毒，凶猛、贪婪而暴戾，贪婪得只看见利益，这是商人、盗贼的勇敢。不在乎死亡而行为残暴，是小人的勇敢。合乎道义的地方，就不屈服于权势，不顾自己的利益，把整个国家给他也不改变观点，看重生命，但为了坚持正义而不屈不挠，这是士君子的勇敢。

【原文】

荣辱之大分，安危利害之常体：先义而后利者荣，先利而后义者辱；荣者常通，辱者常穷；通者常制人，穷者常制于人，是荣辱之大分也。材悫者常安利，荡悍者常危害；安利者常乐易，危害者常忧险；乐易者常寿长，忧险者常夭折，是安危利害之常体也。

夫天生蒸民①，有所以取之。志意致修，德行致厚，智虑致明，是天子之所以取天下也。政令法，举措时，听断公，上则能顺天子之命，下则能保百姓，是诸侯之所以取国家也。志行修，临官治，上则能顺上，下则能保其职，是士大夫之所以取田邑也。循法则、度量、刑辟②、图籍，不知其义，谨守其数，慎不敢损益也，父子相传，以持王公，是故三代虽亡，治法犹存，是官人百吏之所以取禄秩也。孝弟③原④悫，轵录⑤疾力⑥，以敦比⑦其事业而不敢怠傲，是庶人之所以取暖衣饱食，长生久视，以免于刑戮也。饰邪说，文奸言，为倚事⑧，陶诞⑨、突盗，惕⑩、悍、㤿⑪、暴，以偷生反侧于乱世之间，是奸人之所以取危辱死刑也。其虑之不深，其择之不谨，其定取舍楛僈⑫，是其所以危也。

【注释】

①蒸民：百姓。

②刑辟：刑法。

③弟：同"悌"，指敬爱兄长。

④原：同"愿"，诚实。

⑤軥（qú）录：劳碌。軥，通"劬"。

⑥疾力：勤奋努力。

⑦敦比：治理。比，通"庀（pǐ）"，治理。

⑧倚事：怪异之事。

⑨陶诞：虚妄荒诞。陶，通"谣"，虚妄。

⑩惕（dàng）：放荡。

⑪愱（jiāo）：同"骄"，骄矜。

⑫楛（kǔ）僈：轻率，冒失。

【译文】

光荣和耻辱最大的不同、安危和利害的最常见情形是：先考虑道义后考虑利益的就光荣，先考虑利益后考虑道义的就耻辱；光荣的人往往通达，耻辱的人往往困窘；通达的人总是管理别人，困窘的人总是被人管理，这是光荣和耻辱最大的不同。本性朴实的人常常安全得利，放浪凶狠的人常常危险受害；安全得利的人常常和乐平易，危险受害的人常常愁苦不安；和乐平易的人一般寿命较长，愁苦不安的人一般寿命短暂，这是安危和利害的常见情形。

上天创造万民，都有取得各自地位的道理。思想感情很美好，德行忠厚，智虑很高明，这是君主能够得到天下的原因。政令符合法规，举措符合时宜，听讼断案公正，上能听从君主的命令，下能保护百姓，这是诸侯能够取得国家的原因。志向和行为都美好，做官善于治理，上能依从国君，下能恪尽职守，这是士大夫能够获得封地采邑的原因。遵循法规、度量、刑法、地图和户籍，就算不懂它们的意义，也严守它们的规定，谨慎地不敢增加或删减，世代流传，来扶持王公，所以夏、商、周三个朝代虽然已经灭亡，治理国家的法令依旧存在，这是百官能够得到俸禄和官位之所在。孝敬父母、敬爱兄长，淳厚诚实、勤恳努力，经营事业不敢疏忽怠慢，这是人民能够吃饱穿暖、寿命长久、免于刑罚诛戮的原因。粉饰不正当的言论，美化奸邪的话语，做一些荒诞的事情，欺诈虚妄，强行夺取，放荡、凶狠、骄纵、粗野，苟且地活在乱世中，这是邪恶之人遭受危险、耻辱、死刑的原因。他们思虑不深，选择不谨慎，决定取舍的时候过于冒失，这是导致他们处于险境的原因。

【原文】

　　材性知能，君子小人一也。好荣恶辱，好利恶害，是君子小人之所同也，若其所以求之之道则异矣。小人也者，疾①为诞而欲人之信己也，疾为诈而欲人之亲己也，禽兽之行而欲人之善己也。虑之难知也，行之难安也，持之难立也，成则必不得其所好，必遇其所恶焉。故君子者，信矣，而亦欲人之信己也；忠矣，而亦欲人之亲己也；修正治辨②矣，而亦欲人之善己也。虑之易知也，行之易安也，持之易立也，成则必得其所好，必不遇其所恶焉。是故穷则不隐，通则大明，身死而名弥白。小人莫不延颈举踵而愿曰："知虑材性，固有以贤③人矣！"夫不知其与己无以异也，则君子注错④之当，而小人注错之过也。故孰⑤察小人之知能，足以知其有余，可以为君子之所为也。譬之越人安越，楚人安楚，君子安雅，是非知能材性然也，是注错习俗之节异也。

【注释】

　　①疾：尽力，极力。
　　②辨：同"办"，治理。
　　③贤：胜过。

④注错：措置，安排处理。注，投。错，通"措"，置。

⑤孰：同"熟"。

【译文】

资质、本性、智慧、才能，君子和小人这四个方面是一样的。喜欢光荣而厌恶耻辱，爱好利益而憎恶祸害，这是君子和小人所相同的，至于他们用来求取光荣、利益的途径就不同了。小人做事荒谬却还要别人相信自己，尽力欺诈却还要别人亲近自己，所作所为如禽兽一般却还要别人善待自己。考虑问题不明事理，做起事来不稳妥，坚持的观点难以站住脚，结果就一定不能得到别人的喜欢，而必然会遭受耻辱和祸害。至于君子，以诚待人，也希望别人相信自己；对别人忠诚，也希望别人亲近自己；善良正直而处理事务合宜，也希望别人善待自己。考虑问题容易明达事理，办事稳妥，坚持的主张容易得到别人的认可，结果就一定能得到别人的喜欢，一定不会遭受耻辱和祸害。所以他们穷困时名声也不会被埋没，而通达时名声就会十分显赫，死了以后名声会更加辉煌。小人无不伸长了脖子踮起了脚跟而羡慕地说："这些人的智慧、思想、资质、本性，肯定有超过别人的地方啊！"其实，他们不知道君子的资质、才能与自己并没有什么不同，只是君子行为举措得当，而小人行为举措错误罢了。所以仔细地考察一下小人的智慧、才能，就能够知道他们可以绰绰有余地做到君子所做的一切。这好像越国人习惯于越国的习俗，楚国人习惯于楚国的习俗，君子则习惯安于正道，这并不是智慧、才能、资质、本性造成的，这是由于行为举止以及习俗的不同所造成的。

【原文】

仁义德行，常安之术也，然而未必不危也；污僈①**、突盗，常危之术也，然而未必不安也。故君子道其常而小人道其怪。**

凡人有所一同：饥而欲食，寒而欲暖，劳而欲息，好利而恶害，是人之所生而有也，是无待而然者也，是禹、桀之所同也。目辨白黑美恶，耳辨音声②清浊，口辨酸咸甘苦，鼻辨芬芳腥臊，骨体肤理③辨寒暑疾养④，是又人之所常生而有也，是无待而然者也，是禹、桀之所同也。可以为尧、禹，可以为桀、跖，可以为工匠，可以为农贾，在势注错习俗之所积耳，是又人之所生而有也，是无待而然者也，是禹、桀之所同也。为尧、禹则常安荣，为桀、跖则常危辱；为尧、禹则常愉佚，为工匠、农贾则常烦劳。然而人力为此而寡为彼，何也？曰：陋也。尧、禹者，非生而具者也，夫起于变故，成乎修修之为，待尽而后备者也。

【注释】

①污僈：也作"污漫"，污秽卑鄙的意思。
②音声：《礼记·乐记》郑玄注："宫、商、角、徵、羽，杂比曰音，单出曰声。"
③理：皮肤上的纹理。
④养：通"痒"。

【译文】

仁义和道德是能得到长久安全的办法，然而不一定就不发生意外；污浊卑鄙、强取豪夺，这是会遭受危险的根源，但是不一定就得不到安全。所以君子遵循正常的途径，而小人遵循怪僻的途径。

人们都有一致的地方：饿了就想吃，冷了就想暖和些，劳累了就想休息，喜欢获利而厌恶受害，这是人生来就有的本性，是无所依待就会这样的，也是禹、桀所共有的。眼睛能辨别白与黑、美与丑，耳朵能辨别声音的清浊，口舌能辨别酸咸甜苦的滋味，鼻子能辨别芳香腥臭，身体皮肤能辨别冷热痛痒，这也是人生下来就有的本性，它是无所依待就会这样的，也是禹、桀所共有的。人们可以做尧、禹那样的贤君，可以做桀、跖那样的坏人，可以做工匠，可以做农夫、商人，这都是由于各人行为、习俗的积累而成的，这是人生来就有的本性，是无所依待就会这样的，也是禹、桀所共有的。做尧、禹那样的人永远安全而光荣，做桀、跖那样的人常常危险而耻辱；做尧、禹那样的人常常愉悦而安逸，做工匠、农夫和商人常常麻烦而劳累。然而人们经常做这种危辱烦劳的事而很少去做那种光荣愉悦的事，这是为什么呢？回答：这是由于浅陋无知啊。像尧、禹这种人，并不是生下来就具备了当圣贤的条件，而是在各种磨难中开始，加上修养品德才成功的，而修养品德是等到原有的恶劣本性都除去了之后才能具备的。

【原文】

　　人之生固小人，无师无法则唯利之见耳。人之生固小人，又以遇乱世，得乱俗，是以小重小也，以乱得乱也。君子非得势以临之，则无由得开内①焉。今是人之口腹，安知礼义？安知辞让？安知廉耻隅积？亦呥呥②而噍③，乡乡④而饱已矣。人无师无法，则其心正其口腹也。今使人生而未尝睹刍豢⑤稻粱也，惟菽（shū）藿（huò）糟糠之为睹，则以至足为在此也。俄而粲然有秉刍豢稻粱而至者，则瞲然⑥视之曰："此何怪也？"彼臭⑦之而无嗛⑧于鼻，尝之而甘于口，食之而安于体，则莫不弃此而取彼矣。今以夫先王之道，仁义之统，以相⑨群居，以相持养，以相藩饰，以相安固邪？以夫桀、跖之道，是其为相县⑩也，几直夫刍豢稻粱之县糟糠尔哉！然而人力为此而寡为彼，何也？曰：陋也。陋也者，天下之公患也，人之大殃大害也。故曰：仁者好告示人。告之示之，靡之儇⑪之，铄⑫之重之，则夫塞者俄且通也，陋者俄且倜⑬也，愚者俄且知也。是若不行，则汤、武在上曷益？桀、纣在上曷损？汤、武存则天下从而治，桀、纣存则天下从而乱。如是者，岂非人之情固可与如此，可与如彼也哉！

【注释】

①内（nà）：同"纳"。

②呥（rán）呥：咀嚼的样子。

③噍（jiào）：咀嚼。

④乡：通"芗（xiāng）"，谷类的香气。

⑤刍豢：泛指可食用的家畜，这里指肉食。吃草料的牛羊之类称为"刍"，吃粮食的猪狗之类叫作"豢"。

⑥瞲（xuè）然：惊奇的样子。

⑦臭（xiù）：同"嗅"。

⑧嗛（qiàn）：满足。

⑨相：辅助，帮助。

⑩县（xuán）：差距。

⑪儗：积。

⑫铅（yán）：通"沿"，遵循。

⑬倜（xiàn）：宽大。

【译文】

人的本性本来就是性恶的小人，假如没有老师的教导和法度的约束，就只会看到财利。人的本性本来就是性恶的小人，又因为生在乱世，沾染了恶俗，这样就在卑鄙的本性上又加上卑鄙，使恶劣的资质又染上了恶劣的习俗。君子如果得不到势位来统治他们，那就没有办法打开他们的心智来引导他们向善了。现在的人们只知道满足口腹之欲，哪懂得什么礼节道义？哪里懂得什么推辞谦让？哪里懂得什么廉耻、大道的局部和整体呢？不过是知道嘴巴不停地嚼东西，香喷喷地吃个饱罢了。人若没有老师教导、没有法度约束，那么他的心灵也就完全和他的嘴巴、肠胃一样了。假如人生下来后从来没有看见过牛肉、羊肉、猪肉、狗肉等肉食和稻米、谷子等细粮，只见过豆和豆叶之类的蔬菜以及糟糠之类的粗食，就会认为最可口的食物就是这些东西了。忽然有个拿着肉食和细粮的人来到跟前，他就会瞪着眼惊奇地说："这是什么奇怪的东西呀？"他闻闻它们，感到很好闻，尝一尝，感到香甜可口，吃了后身体感到很舒服，那就没有谁不抛弃豆叶、糟糠之类而求取肉食、细粮了。现在是用古代帝王的办法和仁义的纲领，来协调人们的关系，使人们相互群居在一起，相互保养，相互文饰，实现相互安全稳定吗？还是用桀、跖的办法，这两种办法是相差悬殊的，它们岂止是肉食、细粮和糟糠的悬殊呢！然而人们竭力来运用桀、跖的方法而很少去运用古代帝王的办法，这是为什么呢？回答：这是浅陋无知的缘故。浅陋无知，是天下人的通病，是人们的大灾难。所以说：仁德的人喜欢把道理告诉别人，做榜样给别人看。把道理告诉人们，做榜样给他们看，使他们顺从而明智，使他们遵循仁义之道，向他们反复重申，那些闭塞的人很快就会开窍，见识浅陋的人很快就会眼界开阔，愚蠢的人很快就会聪明了。如果不这样做，商汤、武王即使处在君位又有什么好处？夏桀、商纣王这样的暴君处在君位又有什么损害？商汤、武王在，那么天下随之而安定；夏桀、商纣王在，那么天下就混乱。出现这样的情况，难道不是因为人们的性情原来就可以像这样，也可以像那样的吗！

点名师评

文章一开始就提出安危问题，提出哪些是"小人之所务"而招致危害之事，提出"先义后利"与"先利后义"的不同，决定了"荣辱之大分"。荀子提出尧、禹"非生而具者也"，一是"起于变故，成于修修之为"，即在磨难中修养品德而成，二是要有师有法，所谓"无师无法则唯利之见耳"，师、法在于仁者，"仁者好告示人"，于是"塞"者可"通"，"愚"者可"知"。

延伸/阅读

文天祥是南宋末年著名的抗元将领、爱国诗人。1278年，文天祥在一次战役中兵败被俘，不久被押解到大都，关押在监狱里。文天祥被囚禁了大约三年，在这期间，元朝统治者多次劝文天祥投降，并许以高官厚禄，都被文天祥严词拒绝。元世祖忽必烈见文天祥性情刚直，不肯屈服，就想杀了他。

元世祖对文天祥说："你有什么心愿？"文天祥答道："我受大宋恩典，官至宰相，怎么能够侍奉其他的君主呢？只求以死报国。"元世祖虽然不忍心，但最终还是下令杀了文天祥。临刑前，文天祥镇定自若，对行刑的官吏说："我对国家的报答到此为止了。"说完，面向南方慷慨就义。文天祥死后，他的衣服中有赞文说："孔子主张成仁，孟子

主张取义，唯有践行了道义，仁德才能实现。我们读圣贤的著作，想学的无非仁义，难道是其他的东西吗？从今以后，我没有什么可愧疚的了。"

学海/拾贝

☆ 义之所在，不倾于权，不顾其利，举国而与之不为改视，重死持义而不桡，是士君子之勇也。

☆ 先义而后利者荣，先利而后义者辱；荣者常通，辱者常穷；通者常制人，穷者常制于人，是荣辱之大分也。

☆ 好荣恶辱，好利恶害，是君子小人之所同也，若其所以求之之道则异矣。

☆ 人之生固小人，无师无法则唯利之见耳。

☆ 人无师无法，则其心正其口腹也。

☆ 陋也者，天下之公患也，人之大殃大害也。

非 相

名师导读

　　本篇旗帜鲜明地否定了当时流行的相术。荀子认为，相人，是古人没有的事，观察一个人的相貌不如考察他的心思，考察他的心思不如鉴别他立身处世的方法，就要考察他的行为做事，做事不善，必定遭遇"三不祥""三必穷"，这与人的面貌是没有关系的。

【原文】

　　相人，古之人无有也，学者不道也。古者有姑布子卿①，今之世，梁②有唐举③，相人之形状颜色而知其吉凶妖祥，世俗称之。古之人无有也，学者不道也。

【注释】

　　①姑布子卿：春秋时郑国人，曾给孔丘和赵襄子看过相。

　　②梁：即魏国。公元前361年，魏惠王迁都大梁（今河南开封），从此魏也称为梁。

　　③唐举：战国时看相的人，曾给李兑、蔡泽看过相。

【译文】

　　以人的容貌来判断人的命运，古人没有这种事，有学问的人也不谈论这种事情。古代有个叫作姑布子卿的人，现在魏国有个叫作唐举的人，都声称会根据人的容貌来推算此人的祸福吉凶，世人都称道他们的相术。古人没有这种事，有学问的人也不谈论这种事。

【原文】

　　故相形不如论①心，论心不如择②术。形不胜心，心不胜术③。术正而心顺之，则形相虽恶而心术善，无害为君子也；形相虽善而心术恶，无害为小人也。君子之谓吉，小人之谓凶。故长短、小大、善恶形相，非吉凶也。古之人无有也，学者不道也。

【注释】

　　①论：察。

　　②择：区别，引申为鉴别。

　　③心不胜术：荀子认为人性本恶，必须经常用礼义之道（术）来改造思想（心），所以说"心不胜术"。

扫码看视频

【译文】

　　所以，观察一个人的相貌不如考查他的思想，考查他的思想不如鉴别他立身处世的方法。相貌不如心思重要，心思不如立身处世的方法重要。立身处世的方法正确而心思又顺应了它，那么形体相貌即使丑陋而心思和立身处世的方法是好的，也不会妨碍他成为君子；形体相貌即使好看而心思与立身处世的方法不正确，也不能妨碍他成为小人。君子可以说是吉，小人可以说是凶。所以高矮、胖瘦、美丑等形体相貌上的特点，并不是吉凶的标志。古代的人没有这种事，有学识的人也不谈论这种事。

【原文】

盖帝尧长，帝舜短，文王^①长，周公^②短，仲尼^③长，子弓^④短。昔者卫灵公^⑤有臣曰公孙吕，身长七尺，面长三尺，焉^⑥广三寸，鼻目耳具，而名动天下。楚之孙叔敖^⑦，期思^⑧之鄙人也，突秃长左，轩^⑨较^⑩之下，而以楚霸。叶公子高^⑪，微小短瘠，行若将不胜其衣。然白公之乱^⑫也，令尹子西、司马子期皆死焉；叶公子高入据楚，诛白公，定楚国，如反手尔，仁义功名善于后世。故事不揣长，不揳^⑬大，不权轻重，亦将志乎尔。长短、小大、美恶形相，岂论也哉！

【注释】

①文王：周文王，姬姓，名昌，商朝时周部落的领袖，周武王之父，以贤明著称。

②周公：周文王之子，武王之弟，姬姓，名旦，因采邑在周（今陕西岐山北），故称周公。他曾辅助武王灭商，有功而受封于鲁，但他未去封地而留佐成王执政，是著名的贤臣。

③仲尼：即儒家学派的创始者孔子，名丘，字仲尼。

④子弓：孔子的弟子，即冉雍，字仲弓。

⑤卫灵公：名元，春秋时卫国国君。

⑥焉：通"颜"，额。

⑦孙叔敖：春秋时楚庄王的令尹（宰相），辅助楚庄王成就了霸业。

⑧期思：地名，在今河南省淮滨县东南。

⑨轩：车前的直木。

⑩较（jué）：车前的横木。

⑪叶（shè）公子高：姓沈，名诸梁，字子高，春秋时楚国大夫，封地在叶（在今河南叶县），楚国大夫僭称公，故称"叶公"。

⑫白公之乱：楚惠王十年（公元前479年），白公叛变，杀死令尹子西、

司马子期，掳走楚惠王，史称"白公之乱"。白公，名胜，楚平王的嫡孙。子西、子期，均是楚平王的儿子。

⑬揳（xié）：同"絜"，估计。

【译文】

据说帝尧个子高，帝舜个子矮，文王个子高，周公旦个子矮，孔子个子高，冉雍个子矮。从前，卫灵公有个臣子叫公孙吕，身高七尺，脸长三尺，额宽三寸，鼻子、眼睛、耳朵都具备但相离疏远，而他却名动天下。楚国的孙叔敖，是期思地方的乡下人，头顶秃，左手长，坐在轩车上还没有车前的直木和横木高，但他却使楚国称霸诸侯。叶公子高，矮小瘦弱，走路时好像还撑不住自己的衣服似的。但是白公作乱的时候，令尹子西、司马子期都死在白公手中；叶公子高领兵入楚，杀掉白公，安定楚国，就像把手掌翻过来一样容易，他的仁义功名被后人所赞美。所以对于士人，不是去看个子的高矮，不是看身材的胖瘦，不是去称量身体的轻重，而只需看他的志向。高矮、胖瘦、美丑等形体相貌方面，哪里能用来评判人呢！

【原文】

且徐偃王①之状，目可瞻②马；仲尼之状，面如蒙供③；周公之状，身如断菑④；皋陶⑤之状，色如削瓜；闳夭⑥之状，面无见肤；傅说⑦之状，身如植鳍⑧；伊尹⑨之状，面无须麋⑩；禹跳，汤偏，尧、舜参牟⑪子。从者将论志意，比类文学邪？直将差长短，辨美恶，而相欺傲邪？

【注释】

①徐偃王：周代徐国君主，其生活年代古籍上记载不尽相同，或以为是周穆王时人，或以为是楚文王时人。他以仁义著称，又自称为王，所以周王命楚国消灭了他。徐，诸侯国名，地处今安徽泗县一带。

②瞻：仰视。

③蒙俱（qī）：也作"蒙箕"，古代驱邪用的面具。

④葘（zì）：通"椔"，立着的枯树。

⑤皋陶：一作"咎繇"，传说是东夷族的首领，曾被舜任为掌管刑法的官。后助禹有功，被禹选为继承人，因早死，未继位。

⑥闳（hóng）夭：周文王的臣子。文王被纣囚于羑里时，他曾设法解救。

⑦傅说（yuè）：商王武丁的相。

⑧植鳍：竖起的鱼鳍。这里指驼背。植，立。

⑨伊尹：商汤的相。他辅助商汤消灭了夏桀。

⑩须麋：须眉。麋，通"眉"。

⑪牟：通"眸"。

【译文】

　　而且徐偃王的相貌奇特，眼睛只能够仰视远处的马；孔子的相貌，脸好像蒙上了一个丑恶难看的驱邪的面具；周公旦的相貌，身体好像一棵折断的枯树；皋陶的相貌，脸色就像削去了皮的瓜那样呈青绿色；闳夭的相貌，胡须多得看不见皮肤；傅说的相貌，身体好像立起来的鱼鳍；伊尹的相貌，脸上没有胡须和眉毛；禹瘸着腿走路，汤半身偏枯，尧、舜有三个眸子。学者是考查他们的志向和思想，比较他们的学问呢？还是区别他们的高矮，分辨他们的美丑，来互相欺骗、傲视呢？

【原文】

　　古者桀、纣长巨姣美，天下之杰也；筋力越劲，百人之敌也。然而身死国亡，为天下大僇①，后世言恶则必稽②焉。是非容貌之患也，闻见之不众，论议之卑尔。

【注释】

①僇（lù）：通"戮"，耻辱。

②稽：考，引证。

【译文】

古时候，夏桀、商纣魁梧英俊，是天下相貌出众的人；他们的体魄强壮，足可对抗上百人。但是他们被人杀死，国家也灭亡了，成为天下最可耻的人，后世说到坏人，就一定会拿他们做例证。这显然不是容貌造成的祸患，而是见识浅陋、行为卑下所致。

【原文】

人有三不祥：幼而不肯事长，贱而不肯事贵，不肖而不肯事贤，是人之三不祥也。人有三必穷：为上则不能爱下，为下则好非其上，是人之一必穷也。乡①则不若②，偝③则谩之，是人之二必穷也。知行浅薄，曲直有④以相县矣，然而仁人不能推，知士不能明⑤，是人之三必穷也。人有此三数行者，以为上则必危，为下则必灭。《诗》曰："雨⑥雪瀌瀌⑦，宴⑧然聿⑨消。莫肯下隧⑩，式居屡骄。"此之谓也。

【注释】

①乡：通"向"，面对面。

②若：顺。

③偝：同"背"。

④有：通"又"。

⑤明：尊。

⑥雨：动词，下。

⑦瀌（biāo）瀌：雪下得大的样子。

⑧宴：通"曣"，天晴日出。

⑨聿（yù）：语助词。

⑩隧：通"坠"。

【译文】

人有三种不吉祥的事：年幼的不肯侍奉年长的，卑贱的不肯侍奉尊贵的，没有德才的不肯侍奉贤能的，这是人的三种不祥。人有三种必然会陷于困顿的事：作为上级却不能爱护下级，作为下级却喜欢非议上级，这是人们使自己必然陷于困顿的第一种情况。当面不顺从，背后又毁谤，这是人使自己必然陷于困顿的第二种情况。知识浅陋，德行不够，辨别是非曲直的能力又与别人相差悬殊，但对仁爱之人却不能推崇，对明智之士却不能尊重，这是人们使自己必然陷于困顿的第三种情况。人有了这三不祥、三必穷的行为，处在上位就必然危险，处在下位就必然灭亡。《诗经》上说："雪花纷纷满天飘，太阳一出便融消。不肯屈居人下，在位时经常骄傲。"说的就是这种人。

【原文】

人之所以为人者，何已①也？曰：以其有辨也。饥而欲食，寒而欲暖，劳而欲息，好利而恶害，是人之所生而有也，是无待而然者也，是禹、桀之所同也。然则人之所以为人者，非特以二足而无毛也，以其有辨也。今夫狌狌②形笑③，亦二足而毛也，然而君子啜其羹，食其胾④。故人之所以为人者，非特以其二足而无毛也，以其有辨也。夫禽兽有父子而无父子之亲，有牝牡⑤而无男女之别，故人道莫不有辨。

【注释】

①已：同"以"。

②狌（xīng）狌：即猩猩。

③形笑：疑为"形状"。

④胾（zì）：大块的肉。

⑤牝（pìn）牡（mǔ）：雌雄。

【译文】

人之所以为人，是因为什么呢？回答：这是因为人有辨别各种事物的能力。饿了就想吃饭，冷了就想取暖，累了就想休息，喜欢得利而厌恶受害，这是人生来就有的本性，它是无所依待就会这样的，它是禹与桀所相同的方面。然而人之所以为人，并不只是因为他们有两只脚而且身上没有毛，而是因为人有区别各种事物的能力。现在猩猩的形状也是两只脚而身上无毛，可是人们却喝它的肉汤，吃它的肉。所以人之所以为人，并不只是因为他们有两只脚而身上没有毛，而是因为他们有辨别各种事物的能力。禽兽有父有子却没有父子之间的亲情，有雌有雄却没有男女之间的分别，而作为人的根本原则就在于对所有的事物都要有所辨别。

点名师评

荀子继承《庄子》"德有所长而形有所忘"的说法，举出很多先王、先圣，他们虽然容貌丑陋，却有贤德贤能，又举出"古者桀、纣长巨姣美"而"为天下大僇"的事例，以此二者来批判相人之术的不可靠。这就是俗话说："人不可貌相。"荀子提出判断一个人，所谓"人之所以为人者"，在于"有辨"。何为"辨"？"辨莫大于分，分莫大于礼，礼莫大于圣王"，这就是荀子的尊礼尊圣的思想。

延伸/阅读

春秋时期，大教育家孔子门下有许多弟子，其中有一个叫宰予，有一个叫子羽。宰予长得相貌堂堂，口齿伶俐，而子羽长得十分丑陋。孔子一开始比较喜欢宰予，认为他将来定会有所成就；不喜欢子羽，觉得他资质低下，不会成才。

然而，事情的发展出乎孔子的意料。宰予虽然相貌英俊，却无仁无德，十分懒惰，孔子多次劝导、教育他，他都不听，后来因为犯上作乱被处死。子羽热爱学习，离开老师后致力于修身实践，做事光明正大，从不结党营私，后来成为著名的学者，弟子众多，声名远扬。孔子听说后，感慨地说："我以言辞来衡量一个人的品质才能，结果对宰予的判断就错了；我以相貌来衡量一个人的品质才能，结果对子羽的判断也错了。"由此可见，任何时候都不能以言语和相貌取人。

学海/拾贝

☆ 形不胜心，心不胜术。

☆ 长短、小大、美恶形相，岂论也哉！

☆ 幼而不肯事长，贱而不肯事贵，不肖而不肯事贤，是人之三不祥也。

☆ 故人之所以为人者，非特以其二足而无毛也，以其有辨也。

非十二子

名师导读

　　本篇是研究先秦诸子学说的重要文献。文中首先对当时社会上具有较大影响的六个学派、十二个代表人物的思想进行了分析评论，称"其持之有故，其言之成理"，但其学说混淆了人们的视听，使人们无所适从；接着提出制止这些学说的途径，即"上则法舜、禹之制，下则法仲尼、子弓之义"。

【原文】

　　假①今之世，饰邪说，文奸言，以枭②乱天下，矞宇③嵬琐④，使天下混然不知是非治乱之所存者有人矣。

【注释】

　　①假：借。

　　②枭：通"挠"，扰。

　　③矞宇：诡谲。矞，通"谲"，欺诈。宇，通"訏"，夸大。

　　④嵬（wéi）琐：险诈奸邪。嵬，通"傀"，险诈。琐，猥琐，鄙陋庸俗。

【译文】

乘借如今这个时代，粉饰邪恶的说法，美化奸诈的言论，以此来扰乱天下，用那些诡诈、夸大、怪异、猥琐的言论，使天下很多人混沌地不知道是非标准、治与乱的原因，这样的人大有人在。

【原文】

纵情性，安恣睢，禽兽行，不足以合文通治；然而其持之有故，其言之成理，足以欺惑愚众，是它嚣^①、魏牟^②也。

【注释】

①它嚣：人名，生平无考。

②魏牟：即战国时魏国的公子牟，《汉书·艺文志》将他归入道家，著录有《公子牟》四篇。

【译文】

放纵性情，恣肆放荡，行为像禽兽一样，谈不上遵循礼义，也不遵循法治；但是他们立论时却有根有据，解说论点时又头头是道，足以欺骗、蒙蔽愚昧的民众，它嚣、魏牟就是这种人。

【原文】

忍情性，綦谿^①利跂^②，苟以分异人^③为高，不足以合大众、明大分^④；然而其持之有故，其言之成理，足以欺惑愚众，是陈仲、史鰌也。

【注释】

①綦（qí）谿（xī）：极深。

②利跂：指背离世俗而独行。利，通"离"。跂，立。

③分异人：即"分于人、异于人"，与别人不同的意思。

④大分：等级名分。

【译文】

抑制本性人情，偏离大道，离世独行，以追求标新立异为高明，不能和广大民众打成一片，不能彰明等级名分；但是他们立论时却有根有据，解说论点时又头头是道，足以欺骗、蒙蔽愚昧的民众，陈仲、史鳅就是这种人。

【原文】

不知壹天下、建国家之权称①，上②功用、大③俭约而慢差等，曾不足以容辨异、县君臣；然而其持之有故，其言之成理，足以欺惑愚众，是墨翟、宋钘④也。

【注释】

①权称：等于说"权衡"，喻指法度。权，秤锤。称，同"秤"。

②上：通"尚"。

③大：重视。

④宋钘（jiān）：又称宋荣子，战国时宋国人，主张禁欲，认为人的本性是少欲的。

【译文】

不懂得统一天下、建立国家的法度，崇尚功用、重视节俭而轻慢等级差别，甚至不容许人与人之间有分别和差异存在，也不让君臣之间有上下的悬殊；但是他们立论时却有根有据，解说论点时又头头是道，足以欺骗、蒙蔽愚昧的民众，墨翟、宋钘就是这种人。

【原文】

尚法而无法，下修而好作，上则取听于上，下则取从于俗，终日言成文典，反纟川察^①之，则偶然^②无所归宿，不可以经国定分；然而其持之有故，其言之成理，足以欺惑愚众，是慎到、田骈^③也。

【注释】

①纟川（xún）察：循省考查。纟川，通"循"。
②偶（tì）然：远离的样子，这里形容迂阔而远离实际。
③田骈（pián）：战国时齐国人。

【译文】

推崇法治但又没有法度，不遵循古人而喜欢另搞一套，上则听从君主，下则依从世俗，整天谈论制定礼法条文，但反复考查这些典制，就会发现它们远离实际而落不到实处，不能用来治理国家、确定名分；但是他们立论时却有根有据，解说论点时又头头是道，足以欺骗、蒙蔽愚昧的民众，慎到、田骈就是这种人。

【原文】

不法先王，不是礼义，而好治怪说，玩琦^①辞，甚察而不惠^②，辩而无用，多事而寡功，不可以为治纲纪；然而其持之有故，其言之成理，足以欺惑愚众，是惠施、邓析也。

【注释】

①琦：通"奇"。

②惠：当为"急"字。

【译文】

不效法古代圣明的帝王，不遵循礼义，然而喜欢钻研奇谈怪论，玩弄奇异的言辞，明察秋毫但毫无用处，雄辩动听但不切实际，做了很多事但功效很少，不可以作为治国的纲领；但是他们立论时却有根有据，解说论点时又头头是道，足以欺骗、蒙蔽愚昧的民众，惠施、邓析就是这种人。

【原文】

略法先王而不知其统，犹然而材①剧②志大，闻见杂博。案③往旧造说，谓之五行④，甚僻违而无类，幽隐而无说，闭约而无解，案⑤饰其辞而祗⑥敬之曰："此真先君子之言也。"子思⑦唱⑧之，孟轲⑨和之，世俗之沟犹瞀⑩儒，嚾嚾然⑪不知其所非也，遂受而传之，以为仲尼、子游⑫为兹厚于后世，是则子思、孟轲之罪也。

【注释】

①材：通"才"。

②剧：繁多。

③案：通"按"。

④五行：即五常，指仁、义、礼、智、信。

⑤案：语助词。

⑥祗（zhī）：恭敬。

⑦子思：即孔伋，孔子的孙子，战国时鲁国人，儒家的代表人物之一。

⑧唱：同"倡"。

⑨孟轲：战国中期邹国人，字子舆，是子思的学生。他是孔子之后儒家最有影响力的代表人物，过去一直被尊为"亚圣"。

⑩沟（kòu）犹瞀（mào）：都是愚昧的意思。

⑪讙（huān）讙然：喧嚣的样子。

⑫子游：当为"子弓"之误。

【译文】

大致上能够效法古代圣明的帝王然而不知道他们的要领，还自以为才华横溢、志向远大、见闻广博。根据以往的旧学说来创建新学说，把它称为五行，非常怪僻悖理而不合礼法，幽深隐微而难以言说，晦涩难懂而无从解释，却还粉饰他们的言论而郑重其事地说："这才真正是先君子的言论啊。"子思倡导，孟轲附和，社会上那些愚昧无知的儒生，吵吵嚷嚷的却不知道他们的错误，于是接受了这种学说而传授它，以为孔子、子弓是因为他们的言论而被后代所推崇，这就是子思、孟轲的罪过了。

【原文】

若夫总方略，齐言行，壹统类，而群天下之英杰而告之以大古，教之以至顺①；奥②窔③之间，簟席④之上，敛然圣王之文章具焉，佛⑤然平世⑥之俗起焉；六说者不能入也，十二子者不能亲也；无置锥之地，而王公不能与之争名，在一大夫之位，则一君不能独畜⑦，一国不能独容；成⑧名况⑨乎诸侯，莫不愿以为臣。是圣人之不得势者也，仲尼、子弓是也。

【注释】

①顺：理。

②奥：屋子的西南角。

③窔（yào）：屋子的东南角。

④簟（diàn）席：竹席。

⑤佛：通"勃"。

⑥平世：政治清明的时代。

⑦一君不能独畜：这种圣人应该是天子的辅臣，所以说"一君不能独畜"。畜，养，任用。君主任用臣子，便用俸禄来养活臣子，所以"畜"即指任用人。

⑧成：大，盛。

⑨况：益。

【译文】

至于总括治国的方针策略，统一人们的言行，统一治国的纲纪法度，从而会聚天下的英雄豪杰，把上古帝王的业绩告诉他们，教导他们最高的治国道理；在堂室之内，竹席之上，圣明帝王的典章制度集中地具备在此，太平时代的风俗蓬勃地兴起也在此；上述六种学说是不能进入这讲堂的，那十二个人是不能接近这讲席的；这样的人虽然贫困到没有立锥之地，但王公大臣不能与他们竞争名望，他们虽然只是处在一个大夫的职位上，但不是一个诸侯国的国君所能单独任用的，不是一个诸侯国所能单独容纳的；他们的盛名超过国君，各国国君无不愿意让他们来当自己的臣子。这是圣人中没有得到权势的人，孔子、子弓就是这种人。

【原文】

一天下，财①万物，长养人民，兼利天下，通达之属，莫不从服，六说者立息，十二子者迁化，则圣人之得势者，舜、禹是也。

今夫仁人也，将何务哉？上则法舜、禹之制，下则法仲尼、子弓之义，以务息十二子之说。如是则天下之害除，仁人之事毕，圣王之迹著②矣。

【注释】

①财：通"裁"，管理，利用。

②著：彰显。

【译文】

统一天下，化育万物，养育人民，使天下人都得到好处，凡能到达的地方，没有人不服从，上述六种学说立刻销声匿迹，那十二个人也随之改变，这是圣人中得到了权势的人，舜、禹就是这种人。

当今仁德的人该怎么做呢？上应效仿舜、禹的政治制度，下应效仿孔子、子弓的道义，以求消除上述十二个人的学说。这样一来，天下的祸害除去了，仁德之人的任务就完成了，圣明帝王的功绩也就彰显了。

【原文】

古之所谓士仕①者，厚敦者也，合群者也，乐富贵②者也，乐分施③者也，远罪过者也，务事理者也，羞独富者也。今之所谓士仕者，污漫者也，贼乱者也，恣睢④者也，贪利者也，触抵⑤者也，无礼义而唯权势之嗜者也。

【注释】

①士仕：出仕之士，出来作官的士人。

②富贵：富有可贵的品德。

③分施：君王按等级给予的恩惠。

④恣睢：放肆恶习。

⑤触抵：抵触法令，犯罪。

【译文】

古代所谓出仕之士，是敦厚的人，合群的人，乐于具有可贵品德的人，安于君王按等级给予恩惠的人，远离罪过的人，努力做事合乎事理的人，羞于独享财富的人。如今所谓出仕之士，是污秽散漫的人，奸猾作乱的人，有放肆恶习的人，贪图利益的人，触犯法令的人，是不讲礼义而只嗜好权势的人。

【原文】

古之所谓处士①者，德盛者也，能静②者也，修③正者也，知命者也，著是④者也。今之所谓处士者，无能而云能者也，无知而云知者也，利心无足而佯无欲者也，行伪⑤险秽而强高言谨悫⑥者也，以不俗⑦为俗⑧，离纵⑨而跂訾⑩者也。

【注释】

①处士：有才德而隐居不做官的人。

②静：图谋。

③修：修习、学习。

④著是：即"著定"，有定守而不随俗流移。

⑤行伪：行为。

⑥谨悫（què）：恭谨朴实。

⑦不俗：不合流俗。

⑧俗：常。

⑨离纵：远离时俗而放纵，表示与众不同。

⑩跂訾：踮起脚来走路，表示自高自大。跂，"企"的借字，踮起脚。訾，"跐（cǐ）"的借字，履。

【译文】

　　古代所谓隐居不做官的人，是才德众多的人，是能够图谋定大事的人，是善于学习的人，是知天命的人，是有定力而不随波逐流的人。如今所谓隐居不做官的人，是无能而自称是有才能的人，是无知无识而自称是多识多知的人，是内心利欲永远不会满足而佯作无欲的人，是行为阴险污秽而强发高尚之言、假装恭谨朴实的人，是以不合流俗为常而装模作样的人，是假装远离时俗而放纵、踮起脚来走路的伪君子。

名师点评

　　本文是荀子对先秦诸子及其学说的评论，脱略具体事物的阐述，对诸家学说进行理论概括，荀子批评了墨家、法家、道家等学派的观点，对儒家学派的孔子、子弓进行了赞颂，提出天下人都要归入儒家的学说系统，然后实现"一天下，财万物，长养人民，兼利天下"的理想社会。文章论点清晰，对十二子的批判言辞犀利，其否定是为了宣扬自己的政治主张，故对十二子的评论虽有可取之处，但也存在盲视，对此我们应当明辨。

延伸/阅读

　　墨子是墨家学派的创始人，他主张兼爱、非攻、节用，反对厚葬等贵族的奢侈行为。作为小手工业者的代表，他的思想中有一些和儒家的遵礼、贬低体力劳动者等方面相抵触的地方，所以儒家学派一直贬斥他的学说。我们不能忽视其学说中进步的一面。

　　下面这则故事反映的是墨子的"非攻"思想，墨子以非凡的勇气和出色的口才阻止了一场非正义的战争，拯救了众多无辜百姓。

公元前440年前后，著名工匠公输般为楚国制造攻城的云梯，准备用来攻打宋国。墨子知道了这件事，急忙来到楚国，脚底都磨出了很厚的茧子。到了楚国，墨子去见公输般，对他说道："我在宋国就听说了先生的大名。我想借助您的力量去杀一个人。"公输般说："我是讲道义的，决不杀人。"墨子说："听说您在造云梯，用来攻打宋国，宋国有什么罪？您口口声声说讲道义、不杀人，如今攻打宋国，这分明是不杀少数人而杀多数人呀！请问您攻打宋国是什么道义呢？"公输般被说服了，墨子请他为自己引见楚王。

墨子见到楚王，说道："如果有这么一个人，他有华丽的车子不坐，却想偷邻居家的破车；他有锦绣织成的衣服不去穿，却想去偷邻居的粗布衣服；他有好的饭菜不去吃，却去偷邻居的酒糟和糠皮。这是个什么样的人呢？"楚王说："这人一定是有偷东西的癖好。"墨子接着说："楚国土地纵横五千里，而宋国才不过五百里，这就如同用华美的彩车和破车相比；楚国有云梦泽，犀牛和麋鹿充斥其中，长江和汉水的鱼鳖、大鼋和鳄鱼，为天下最多，而宋国却是连野鸡、兔子、鲫鱼都不产的地方，这就如同用精美的饭菜和糟糠相比；楚国有高大的松树，带花纹的梓树，以及楠树、樟树等名贵树种，而宋国却找不出一棵这样的树，这就好比用锦绣织成的衣服和粗布衣服相比。因此我认为大王去攻打宋国，与有盗窃癖差不多。"楚王说："说得好！我不攻打宋国就是了。"于是放弃了攻打宋国的计划。

学海/拾贝

☆ 一天下，财万物，长养人民，兼利天下，通达之属，莫不从服，六说者立息，十二子者迁化，则圣人之得势者，舜、禹是也。

☆ 上则法舜、禹之制，下则法仲尼、子弓之义，以务息十二子之说。

王 制

本篇对王、霸、强三者加以阐述，集中体现了荀子理想中的王者之政。荀子认为，要想成就帝王大业，就应当实行王道，并列举了实行王道的多项举措，即仁、义、威三者，包括政治纲领、用人方针、管理制度等。

【原文】

请问为政？曰：贤能不待次而举，罢①不能不待须②而废，元恶不待教而诛，中庸民不待政而化。分未定也则有昭缪③。虽王公士大夫之子孙，不能属④于礼义，则归之庶人。虽庶人之子孙也，积文学，正身行，能属于礼义，则归之卿相士大夫。故奸言、奸说、奸事、奸能、遁逃反侧之民，职而教之，须而待之，勉之以庆赏，惩之以刑罚，安职则畜，不安职则弃。五疾⑤，上收而养之，材而事之，官施⑥而衣食⑦之，兼覆无遗。才行反时者死无赦。夫是之谓天德，王者之政也。

【注释】

①罢（pí）：软弱，无能。

②须：须臾，一会儿。

③昭缪（mù）：同"昭穆"。据古代宗法制度，宗庙或墓地的辈次排列，

以始祖居中，二世、四世、六世位于始祖的左方，称昭；三世、五世、七世位于始祖的右方，称穆，以此来分别上下辈分。

④属：符合，遵守。

⑤五疾：五种残疾，即哑、聋、瘸、断臂、侏儒。

⑥施：施舍，安排。

⑦衣（yì）食（sì）：给……穿，给……吃。

【译文】

请问怎样治理国家？回答：对于有德才的人，不依级别次序而破格提拔；对于软弱无能的人，不用等待可马上罢免；对于罪魁祸首，不需要教育而马上诛杀；对于普通民众，不靠行政手段而进行教育感化。在名分还没有确定的时候，就应该像宗庙有昭穆那样来排列等级次序。即使是王公士大夫的子孙，如果不能遵循礼义，就把他们归入平民。即使是平民的子孙，如果积累了知识，品行端正，能遵循礼义，就把他们归入卿相士大夫。所以对于那些散布邪恶的言论、鼓吹邪恶的学说、做邪恶的事情、有邪恶的才能、逃亡流窜和不守本分的人，就强制他们工作并教育他们，静待他们转变，用奖赏的方式去激励他们，用刑罚去惩处他们，安心工作的就留用，不安心工作的就抛弃。对患有残疾的五种人，政府应当收留并养活他们，根据他们的才能来安排适当的工作，官府任用并供给他们吃穿，全部加以照顾而不遗漏。对那些用才能和行为来反对时事的人，坚决处死，决不赦免。这叫作天德，是圣王所采取的政治措施。

【原文】

听政之大分：以善至者待之以礼，以不善至者待之以刑。两者分别则贤不肖不杂，是非不乱。贤不肖不杂则英杰至，是非不乱则国家治。若是，名声日闻，天下愿，令行禁止，王者之事毕矣。凡听，威严猛厉而不好假①道②人，则下畏恐而不亲，周闭而不竭，若是，则大事殆乎弛，小事殆乎遂③。和解调通，好假道人而无所凝止之，则奸言并至，尝试之说锋④起，若是，则听大事烦，是又伤之也。故⑤法法而不议，则法之所不至者必废；职而不通，则职之所不及者必队⑥。故法而议，职⑦而通，无隐谋，无遗善，而百事无过，非君子莫能。故公平者，职之衡⑧也；中和⑨者，听之绳也。其有法者以法行，无法者以类举，听之尽也；偏党而无经，听之辟⑩也。故有良法而乱者有之矣；有君子而乱者，自古及今，未尝闻也。传曰："治生乎君子，乱生乎小人。"此之谓也。

【注释】

①假：宽容。

②道：由，从。

③遂：通"坠"，落空。

④锋：锋刃。

⑤故：犹"夫"，发语词。

⑥队：同"坠"。

⑦职：当是"听"字之误。

⑧衡：秤，引申为准则。

⑨中和：适中和谐，指处理政事时宽严适中，有适当的分寸。

⑩辟：通"僻"，偏邪，不公正。

【译文】

处理政事的要领：对那些带着好的建议而来的人，就以礼相待；对那些怀着恶意而来的人，就用刑罚对待他。把这两种情况区别开来对待，那么有德才的人和没有德才的人就不会混杂在一起，是非也就不会混淆。有德才的人和没有德才的人不混杂，那么英雄豪杰就会到来；是非不混淆，那么国家就能得到治理。像这样下去，名声就会一天天传扬出去，天下的人就会仰慕向往，就能做到有令必行、有禁必止，这样，圣王的事业也就完成了。凡是在处理政事的时候，威严凶猛而不喜欢宽容地对待别人，那么臣下就会害怕畏惧而不敢亲近，就会隐瞒真相而不把心里话全部说出来，像这样下去，那么大事恐怕会废弛，小事也会落空。如果一味随和，喜欢宽容地顺从别人而漫无限度，那么奸邪的言论就会纷至沓来，试探性的谈说就会如锋刃齐起，像这样下去，那么听到的事就多，事情就会细小烦琐，这又对处理政事有害了。所以，制定了法律而不讨论研究，那么法律没有涉及的事情就一定会出差错；规定了各级官吏的职权范围而不彼此沟通，那么职权范围涉及不到的地方就必然会有漏洞。所以，制定了法律而又依靠臣下的讨论研究，规定了各级官吏的职权范围而又彼此沟通，那就不会有隐藏的图谋，不会有没发现的善行，而各种工作也就不会有失误了，不是君子不能做到这样。因此，公平，是处理政事的准则；宽严适中，是处理政事的准绳。那些有法律依据的就按照法律来办理，没有法律条文可遵循的就按照类推的办法来办理，这是处理政事的完美措施；偏袒而没有原则，是处理政事的歪道。所以，有了良好的法制而产生动乱是有过这种情况的；有了德才兼备的君子而国家动乱的，从古到今，还不曾听说过。古书上说："国家的安定产生于君子，国家的动乱来源于小人。"说的就是这种情况。

【原文】

分均则不偏①，势齐则不壹，众齐则不使。有天有地而上下有差，明王始立而处国有制。夫两贵之不能相事，两贱之不能相使，是天数也。

势位齐而欲恶同，物不能澹②则必争，争则必乱，乱则穷矣。先王恶其乱也，故制礼义以分之，使有贫富贵贱之等，足以相③兼临者，是养④天下之本也。《书》曰："维齐非齐。"此之谓也。

【注释】

①偏：部属。这里用作动词，表示"使……成为部属"，即统率、指挥对方的意思。

②澹：通"赡（shàn）"，满足。

③相：单指"兼临"的对象，这里指被统治者。

④养：养育，引申指统治。君主统治臣民，给他们安排一定的职事，使他们能赖以生存，所以美其名曰"养"。

【译文】

名分相等了就谁也不能统率谁，势位权力相等了就不能统一，众人平等了就谁也不能役使谁。自从有了天有了地，就有了上和下的差别；英明的帝王一登上王位，治理国家就有了一定的等级制度。两个同样高贵的人不能互相侍奉，两个同样卑贱的人不能互相役使，这是合乎自然的道理的。如果人们的权势地位相等，而爱好与厌恶又相同，那么由于财物不能满足需要，就一定会发生争夺，一发生争夺就一定会混乱，社会混乱就会陷于困境了。古代的圣王痛恨这种混乱，所以制定了礼义来使他们有所分别，使人们有贫穷与富裕、高贵与卑贱的差别，使自己能够凭借这些来全面统治他们，这是统治天下的根本原则。《尚书》上说："要想整齐就必须不整齐。"说的就是这个道理。

【原文】

马骇舆则君子不安舆，庶人骇政则君子不安位。马骇舆则莫若静之，庶人骇政①则莫若惠之。选贤良，举笃②敬，兴孝弟，收孤寡，补贫穷，如是，则庶人安政矣。庶人安政，然后君子安位。传曰："君者，舟也；庶人者，水也。水则载舟，水则覆舟。"此之谓也。故君人者欲安则莫若平政爱民矣，欲荣则莫若隆礼敬士矣，欲立功名则莫若尚贤使能矣，是君人者之大节③也。三节者当，则其余莫不当矣；三节者不当，则其余虽曲当④，犹将无益也。孔子曰：大节是也，小节是也，上君也。大节是也，小节一出焉，一入焉，中君也。大节非也，小节虽是也，吾无观其余矣。

【注释】

① 骇政：惊惧政事，指反抗统治。
② 笃：忠实。
③ 大节：关系存亡安危的大事、关键。
④ 曲当：委曲得当。指通过各方面的努力做到一切得当。

【译文】

马在拉车时受惊，君子就不能稳坐车中；老百姓被政治吓怕，君子就不能稳坐江山。马在拉车时受惊了，那就没有比使它安静下来更好的了；老百姓被政治吓怕了，那就没有比给他们恩惠更好的了。选用贤能的人，提拔忠厚恭谨的人，提倡孝顺父母、敬爱兄长，收养孤儿寡妇，救助贫穷的人，像这样做，老百姓就会安于政治了。老百姓安于政治，之后君子才能安居上位。古书上说："君主，好比是船；百姓，好比是水。水能载船，水也能使船倾覆。"说的就是这个道理。所以，统治人民的君主，要想政治安定，就没有比施行好政策、爱护人民更好的了；要想得到荣耀，就没有比尊崇礼义、敬重士人更好的了；要想建立功名，就没有比推崇贤人、使用能人更好的了，这些是做君主的关键。这三个关键地方都做得恰当，那么其余的就没有不恰当的了；这三个关键地方做得不恰当，那么其余的即使处处恰当，还是没有什么作用。孔子说：大节对，小节也对，这是上等的君主。大节对，小节有些出入，这是中等的君主。大节错了，小节即使对，我也不用再看其余的了。

【原文】

王夺之^①人，霸夺之与，强夺之地。夺之人者臣诸侯，夺之与者友诸侯，夺之地者敌诸侯。臣诸侯者王，友诸侯者霸，敌诸侯者危。

【注释】

①之：指代他国。可以看作间接宾语，也可以理解为"其"。

【译文】

王者争夺民心，霸者争夺同盟国，强者争夺土地。争夺民心的王者可以使诸侯成为自己的臣子，争夺同盟国的霸者可以使诸侯成为自己的朋友，争夺土地的强者就会使诸侯成为自己的敌人。使诸侯臣服的能称王天下，同诸侯友好的能称霸诸侯，和诸侯为敌的就危险了。

【原文】

用强者，人之城守，人之出战，而我以力胜之也，则伤人之民必甚矣。伤人之民甚，则人之民恶我必甚矣；人之民恶我甚，则日欲与我斗。人之城守，人之出战，而我以力胜之，则伤吾民必甚矣。伤吾民甚，则吾民之恶我必甚矣；吾民之恶我甚，则日不欲为我斗。人之民日欲与我斗，吾民日不欲为我斗，是强者之所以反弱也。地来而民去，累多而功少，虽守者益，所以守者损，是以大者之所以反削也。诸侯莫不怀交接怨而不忘其敌，伺强大之间，承^①强大之敝^②，此强大之殆时也。

知强大者不务强也，虑③以王命全其力，凝其德。力全则诸侯不能弱也，德凝则诸侯不能削也，天下无王霸主则常胜矣。是知强道者也。

【注释】

①承：通"乘"，趁。

②敝：疲惫，衰败。

③虑：考虑，打算。

【译文】

逞强黩武的君主，别国或者据城守卫，或者出城迎战，而自己用武力去战胜了他们，那么伤害别国的民众一定很厉害。伤害别国的民众很厉害，那么别国的民众对自己的怨恨也必然很厉害；别国的民众怨恨自己很厉害，那么就会天天想和自己战斗。别国或者据城守卫，或者出城迎战，而自己用武力去战胜他们，那么对自己的民众的伤害必然很厉害。对自己的民众的伤害很厉害，那么自己的民众对自己的怨恨也必然很厉害；自己的民众对自己的怨恨很厉害，那就天天不想为自己战斗。别国的民众天天想和自己战斗，而自己的民众天天不想为自己战斗，这就是强国反而变弱的原因。土地夺来了而民众离心离德了，负担很多而功劳很少，虽然需要守卫的土地增加了，而用来守卫土地的民众却减少了，这就是大国反而被削弱的原因。诸侯无不心怀怨恨表面与其结交而不忘记他们的敌人，他们窥伺强国的可乘之机，趁着强国疲敝的时候来进攻，这就是强国危险的时候了。

懂得强国之道的君主不会逞强黩武，而是考虑用天子的命令来保全自己的实力，积聚自己的威望。实力保全了，那么各国诸侯就不能使他衰弱了；威望积聚了，那么各国诸侯就不能削弱他了；天下如果没有能成就王业、霸业的君主，那么他就能立于不败之地了。这是懂得强国之道的君主。

【原文】

彼霸者不然，辟田野，实仓廪，便①备用②，案③谨募选阅④材伎⑤之士，然后渐⑥庆赏以先⑦之，严刑罚以纠之。存亡继绝⑧，卫弱禁暴，而无兼并之心，则诸侯亲之矣；修友敌之道以敬接诸侯，则诸侯说之矣。所以亲之者，以不并也，并之见⑨则诸侯疏矣；所以说之者，以友敌也，臣之见则诸侯离矣。故明其不并之行，信其友敌之道，天下无王霸主，则常胜矣。是知霸道者也。

闵王⑩毁于五国，桓公劫于鲁庄⑪，无它故焉，非其道而虑之以王也。

【注释】

①便：改进。

②备用：设备器用。

③案：语气助词。

④选阅：选拔。

⑤伎：通"技"，技能。

⑥渐：加重。

⑦先：引导。

⑧继绝："继绝世"的简称，使断绝了的后代继承关系得以继续，指让亡国之君的后代继续祭祀其祖先，使其香火不断。

⑨见（xiàn）：同"现"。

⑩闵王：即齐闵王，或作齐湣王、齐愍王，战国时齐国国君，田氏，名地（一作遂），齐宣王之子，公元前301—前284年在位。他在位期间，齐国一度强盛，在公元前288年与秦昭王并称东西帝，随后又攻灭宋国。公元前284年，燕、秦、魏、韩、赵等五国联合攻齐，燕将乐毅攻入齐都临淄，齐闵王逃到莒城（今山东莒县）。后来楚国派卓齿率兵救齐，齐闵王被卓齿

所杀。

⑪桓公劫于鲁庄：桓公五年（公元前681年），齐桓公与鲁庄公在柯（齐邑，位于今山东阳谷县东五十里之阿城镇）订立盟约，庄公之臣曹沫以匕首胁迫齐桓公归还鲁国被齐国所侵占的领土汶阳之田（即汶水之北的土地），齐桓公只得许诺。后人大多认为此事出于战国人杜撰。鲁庄，即鲁庄公，春秋时鲁国国君，姬姓，名同，公元前693—前662年在位。

【译文】

奉行霸道的君主就不是这样，他开垦田野荒地，充实粮仓，改进器具，并且严格谨慎地招募、选拔有才能技艺的士人，之后用重赏来引导他们，用刑罚来纠正他们。他保存将要灭亡的国家，使将要断绝的后代得以延续，保护弱小的国家，制止残暴的国家，但是并没有吞并他国的野心，那么各国诸侯就会乐意亲近他了；他与别的国家搞好关系，对别国采取恭敬的态度，那么各国诸侯就会喜欢他了。各国诸侯之所以亲近他，是因为他不吞并别国，一旦吞并别国的野心暴露出来，那么各国诸侯就会疏远他了；各国诸侯之所以喜欢他，是因为他和别的国家非常友好，一旦暴露出来使别国臣服的意图，那么各国诸侯就会背离他了。所以，表明自己不会有吞并别国的行为，信守自己和别的国家友好相处的原则，天下如果没有成就王业的君主，那么奉行霸道的君主就能立于不败之地了。这是懂得称霸之道的君主。

齐闵王的基业被五国联军摧毁，齐桓公被鲁庄公的臣子劫持，这没有其他的缘故，就是因为他们实行的不是王道却想靠它来称王。

【原文】

彼王者不然，仁眇①天下，义眇天下，威眇天下。仁眇天下，故天下莫不亲也；义眇天下，故天下莫不贵也；威眇天下，故天下莫敢敌也。以不敌之威，辅服人之道，故不战而胜，不攻而得，甲兵不劳而天下服。是知王道者也。知此三具^②者，欲王而王，欲霸而霸，欲强而强矣。

【注释】

①眇：高。

②三具：指上文所述或强或霸或王的条件。

【译文】

那些奉行王道的君主就不是这样，他们的仁爱高于天下各国，道义高于天下各国，威势高于天下各国。仁爱高于天下各国，所以天下没有谁不亲近他们；道义高于天下各国，所以天下没有谁不尊重他们；威势高于天下各国，所以天下没有谁敢与他们为敌。拿不可抵挡的威势去辅助使人心悦诚服的仁义之道，所以不战而胜，不攻而得，不费一兵一甲天下就归服了。这是懂得称王之道的君主。知道以上三种治国之道的国君，想称王就可以称王，想成为一方霸主就可以成为一方霸主，想变强就可以变强。

【原文】

王者之人：饰^①动以礼义，听断以类，明振毫末，举措应变而不穷。夫是之谓有原。是王者之人也。

【注释】

①饰：通"饬"，整治，端正。

【译文】

奉行王道而成就王业的君主：能用礼义来端正自己的行动，按照法度来处理政事，明察秋毫，能随各种变化采取相应的措施而不会穷于应付。这叫作掌握了根本。这就是奉行王道的君主。

【原文】

王者之论①：无德不贵，无能不官，无功不赏，无罪不罚，朝无幸位，民无幸生。尚贤使能而等位不遗，析愿②禁悍而刑罚不过，百姓晓然皆知夫为善于家而取赏于朝也，为不善于幽而蒙刑于显也。夫是之谓定论。是王者之论也。

【注释】

①论：通"伦"。
②愿：通"原"，狡诈。

扫码看视频

【译文】

奉行王道的君主的用人方针：没有德行的不让他显贵，没有才能的不让他当官，没有功劳的不给奖赏，没有罪过的不加处罚，朝廷上没有无德无功而侥幸获得官位的，百姓中没有游手好闲而侥幸获得生存的。崇尚贤德、任用能者，使授予的等级地位与德才相当而没有疏失；制裁狡诈、禁止凶暴，施加的刑罚与罪行相当而不过分，老百姓都明明白白地知道：即使在家里行善修德，也能从朝廷获得奖赏；即使在暗地里为非作歹，也会在光天化日之下受到惩处。这叫作确定不变的准则。这就是奉行王道的君主的用人方针。

【原文】

王者之等①赋，政②事，财万物，所以养万民也。田野什一，关市几③而不征，山林泽梁以时禁发而不税，相地而衰④政⑤。理⑥道之远近而致贡，通流财物粟米，无有滞留，使相归⑦移⑧也。四海之内若一家，故近者不隐其能，远者不疾其劳，无⑨幽闲隐僻之国莫不趋使而安乐之。夫是之谓人师。是王者之法也。

【注释】

① 等：使……有等级。

② 政：通"正"，治。

③ 几：通"讥"，监察。

④ 衰（cuī）：差别。

⑤ 政：通"征"。

⑥ 理：分别。

⑦ 归（kuì）：通"馈"，供给。

⑧ 移：运输。

⑨ 无：犹"虽"。

【译文】

奉行王道的君主的法度：规定好赋税等级，管理好民众事务，管理好万物，这是用来养育万民的方法。对于农田，按收入的十分之一征税；对于关卡和集市，进行监察而不征税；对于山林湖泊，按时封闭、按时开放而不收税，根据土地的肥瘠来分别征税。区别道路的远近来收取贡品，使财物、粮米流通，没有滞留积压，使各地互通有无。四海之内就像一家人一样，所以近处的人不隐藏自己的才能，远处的人不抱怨奔走的劳苦，即使是幽远偏僻的国家也无不前来归附听从役使而安乐。这种君主叫作人民的师表。这就是奉行王道的君主所实行的法度。

名师点评

　　本文是荀子为国家富强、天下统一开出的良方。荀子认为，统治者要想"王天下"，在政治上应举贤任能，"虽庶人之子孙，积文学，正身行，能属于礼义，则归之卿相士大夫"，最有意义，打破地位固化而选拔人才，赏罚分明，尊崇礼法，以等级名分确定统治秩序；在经济上应重视农业，减轻赋税，加强物资流通；在君民关系上，应爱护百姓，以民为本。此外，荀子对王者、霸者和强者进行了区分，对"霸道"予以了一定的肯定，表现出荀子对法家思想的借鉴。《史记》记载李斯"从荀卿学帝王之术"，上述就是其"帝王之术"。

延伸／阅读

　　齐襄王派遣使者问候赵威后，赵威后还未看信就问使者："齐国今年的收成好吗？百姓都能安居乐业吗？你们大王也还好吧？"

　　使者有点儿不高兴，说："臣奉大王之命向太后问好，您不先问我们大王的状况，却打听年成、百姓的状况，这有点儿先卑后尊吧？"

　　赵威后回答说："话不能这样说。假如收成不好，百姓凭什么繁衍生息？要是没有百姓，大王又怎能面南称尊？哪有舍本逐末的道理？"

　　她接着又问："齐国有

隐士钟离子，他还好吧？他主张有粮食的人让他们有饭吃，没粮食的人也让他们有饭吃；有衣服的人给他们衣服，没有衣服的人也给他们衣服。他这是在帮助君王养活百姓，大王为何至今没有重用他？叶阳子还好吧？他主张怜恤鳏寡孤独，赈济穷困，这是在替大王存恤百姓，为何至今还不加以任用？北宫家的女儿婴儿子还好吗？她摘去耳环玉饰，至今不嫁，一心奉养双亲，用孝道为百姓做出表率，为何至今没被朝廷褒奖？如此难得的两个人得不到重用，这样一位孝女得不到褒奖，大王怎能治理齐国、抚恤万民呢？於陵的子仲还活在世上吗？他在上对君王不行臣道，在下不能很好地治理家业，又不和诸侯交往，这是在引导百姓朝无所事事的地方走呀！大王为什么至今还不处死他呢？"

学海/拾贝

☆ 贤不肖不杂则英杰至，是非不乱则国家治。

☆ 先王恶其乱也，故制礼义以分之，使有贫富贵贱之等，足以相兼临者，是养天下之本也。

☆ 选贤良，举笃敬，兴孝弟，收孤寡，补贫穷，如是，则庶人安政矣。

☆ 传曰："君者，舟也；庶人者，水也。水则载舟，水则覆舟。"

☆ 王夺之人，霸夺之与，强夺之地。

君　道

名师导读

　　本篇主要论述了君主的治国之道。荀子先指出，治国之道的"原"何在。君王是一个怎么样的人，臣下百吏就是怎么样的人；君王应该是一个君子，"君子者，治之原"；那么，君王的"为国"，就是要先"修身"，君王"修身"，君王成为民望之所在了，这是"君者，民之原"。荀子又指出，治国之"道"何在？就是要在人们身上下功夫，在治理上下功夫，最后归结到君王"欲强而恶弱，欲安而恶危，欲荣而恶辱"，关键还在"慎取相"，在选用"知且仁"辅佐自己，他们是"人主之宝"，是"王霸之佐"。

【原文】

　　合符节、别契券①者，所以为信也；上好权谋，则臣下百吏诞诈之人乘是而后欺。探筹、投钩者，所以为公也；上好曲私，则臣下百吏乘是而后偏。衡石②、称县③者，所以为平也；上好倾覆，则臣下百吏乘是而后险。斗、斛④、敦⑤、概⑥者，所以为啧⑦也；上好贪利，则臣下百吏乘是而后丰取刻与，以无度取于民。故械数⑧者，治之流也，非治之原也；君子者，治之原也。官人守数，君子养原，原清则流清，原浊则流浊。故上好礼义，尚贤使能，无贪利之心，则下亦将綦辞让，致忠信，而谨于臣子矣。如是，则虽在小民，不待合符节、别契券而信，不待探筹、投钩而公，不待衡石、称县而平，不待斗、斛、敦、概而啧。故赏不用而民劝，罚不用而民服，有司不劳而事治，政令不烦而俗美，百姓莫敢不顺上之法，象上之志，而劝上之事，而安乐之矣。故藉敛⑨忘费，事业忘劳，寇难忘死，城郭不待饰而固，兵刃不待陵⑩而劲，敌国不待服而诎，四海之民不待令而一。夫是之谓至平。《诗》曰："王犹允塞，徐方既来。"此之谓也。

【注释】

① 契券：契据证券，是古代的一种凭证。古人在竹简或木简上刻字，刻好后剖为两半，双方各留一半，验证时将两半相合，契合的便有效。

② 衡石：对称重量的器物的通称。衡，秤。石，古代重量单位，一百二十斤为一石。

③ 称县：称重量的器物。称，同"秤"。县，同"悬"，悬挂。这里指秤砣。

④ 斛（hú）：古代量器，十斗为一斛。

⑤ 敦（duì）：古代量黍、稷的器具，形状似盂，一敦为一斗二升。

⑥ 概：量米、粟时刮平斗斛的木板。

⑦ 啧（zé）：实际。

⑧ 械数：指统一的度量衡制度。

⑨ 藉敛：纳税。藉，进贡。敛，赋税。

⑩ 陵：通"凌"，冰，引申为冷却，此指淬火。

【译文】

验合符节、辨认契券，是为了讲信用；君主喜好玩弄权术，那么群臣百官中荒诞诡诈的人就会乘机跟着欺诈。抽签、抓阄，是用来保证公平的；君主喜好包庇谋私，那么群臣百官就会乘机跟着偏私。用称重量的器物来称量，是用来保证公平；君主喜好颠倒是非，那么群臣百官就会乘机跟着搞倾轧陷害。斗、斛、敦、概，是为了做到与实际相符；君主喜好贪图利益，那么群臣百官就会乘机跟着多拿少给，没有限度地从老百姓那里索取。所以有助于治理国家的各种器物与方法，只是治理国家的支流，并不是治理国家的源头；君子，才是治理国家的源头。官员坚守着治理的方法，君子保养治理的源头，源头清澈那么支流也清澈，源头混浊那么支流也混浊。所以君主爱好礼节道义，崇尚贤人、任用才子，没有贪图利益的心思，那么大臣也就会谦让恭敬，极其忠诚守信，从而谨慎地当好一个臣子了。像这样，即使是在卑微的老百姓中，不用验合符节、辨认契券就会做到有信用，不用抽签、抓阄就能保证公平，不用称重量的器物就能做到称量公平，不用斗、斛、敦、概就能做到与实际相符。所以不用赏赐而百姓就能勤勉，不用刑罚而百姓就能顺服，官吏不费力而事情就能处理好，政策法令不繁杂而习俗就能变好，百姓没有人敢不顺从君主的法令、不服从君主的意志，勤勉地为君主做事，并且感到知足快乐。所以，百姓在纳税时不觉得破费，为国家做事时忘掉了疲劳，抵御外敌时不惧怕死亡，城墙不用整修就牢固，兵刃不用淬炼就锋利，敌国不用去征服它便屈服，天下百姓不用命令就能一心。这叫作极其太平。《诗经》上说："王道遍行天下，徐国也来归顺。"说的就是这个意思。

【原文】

请问为国？曰：闻修身，未尝闻为国也。君者，仪①也，仪正而景正；君者，槃也，槃圆而水圆；君者，盂也，盂方而水方。君射则臣决②。楚庄王③好细腰，故朝有饿④人。故曰：闻修身，未尝闻为国也。

【注释】

①仪：日晷（guǐ），利用日影来测定时刻的仪器。一般是在刻有时刻

线的盘（晷面）的中央立一根垂直的标杆（晷针，也称"表"），根据标杆投出的日影方向和长度来确定时刻。此文"仪"即指标杆。

②决：古代射箭时套在右手大拇指上用来钩弦的象骨套子，俗称"扳指"。这里用作动词。

③楚庄王：根据史书记载应为"楚灵王"。

④饿：古代一般的饿叫"饥"。"饿"是指严重的饥饿，指饿得受到死亡的威胁。

【译文】

请问怎样治理国家？回答：我只听说过怎样修养自己的品德，不曾听说过怎样去治理国家。君主就像测定时刻的日晷，民众就像这日晷的影子，日晷端正，那么影子也端正；君主就像盘子，民众就像盘里的水，盘子是圆形的，那么盘里的水也呈圆形；君主就像盂，民众就像盂中的水，盂是方形的，那么盂中的水也呈方形。君主射箭，那么臣子也会射箭。楚灵王喜欢细腰的女子，所以后宫就有饿得面黄肌瘦的人。所以说：我只听说过君主怎样修养身心，不曾听说过怎样治理国家。

【原文】

君者，民之原也，原清则流清，原浊则流浊。故有社稷者而不能爱民、不能利民，而求民之亲爱己，不可得也。民不亲不爱，而求其为己用、为己死，不可得也。民不为己用、不为己死，而求兵之劲、城之固，不可得也。兵不劲、城不固，而求敌之不至，不可得也。敌至而求无危削、不灭亡，不可得也。危削、灭亡之情举积此矣，而求安乐，是狂生者也。狂生者，不胥①时而落。故人主欲强固安乐，则莫若反之民；欲附下一民，则莫若反之政；欲修政美国，则莫若求其人。彼或蓄积而得之者不世绝，彼其人者，生乎今之世而志乎古之道。以天下之王公莫好之也，然而于是独好之；以天下之民莫欲之也，然而于是独为之；好之者贫，为之者穷，然而于是独犹将为之也，不为少顷辍②焉。晓然独明于先王之所以得之，所以失之，知国之安危、臧否若别白黑。是其人者也，大用之，则天下为一，诸侯为臣；小用之，则威行邻敌；纵不能用，使无去其疆域，则国终身无故。故君人者爱民而安，好士而荣，两者无一焉而亡。《诗》曰："价人维藩③，大师维垣。"此之谓也。

【注释】

①胥：通"须"，等待。
②辍：停止。
③藩：屏障。

【译文】

　　君主，就像人民的源头，源头清澈，那么支流也清澈，源头混浊，那么支流也混浊。所以掌握了国家政权的人如果不能够爱护人民、不能够使人民得利，却要求人民亲近、爱戴自己，那是不可能办到的。人民不亲近、不爱戴，而要求人民为自己所用、为自己牺牲，那也是不可能办到的。人民不为自己所用、不为自己牺牲，却要求兵力强大、城防坚固，那是不可能办到的。兵力不强大、城防不坚固，却要求敌人不来侵犯，那是不可能办到的。敌人来了而要求自己的国家不危险、不灭亡，那是不可能的。国家危险、灭亡的情况全都积聚在他这里了，却还想求得安逸快乐，这是狂妄无知的人。狂妄无知的人不用等多久就会衰败死亡的。所以君主想要强大稳固、安逸快乐，那就没有什么比得上回到人民中来；想要使臣下归附、人民与自己一条心，那就没有什么比得上回到政事上来；想要治理好政事并使风俗淳朴，那就没有什么比得上寻觅善于治国的人。那些善于治国的人或许有所积储，因而得到这种人的君主世世代代没断绝过；那些善于治国的人，生在今天的时代而向往着古代的治国大道。虽然天下的君主没有谁爱好古代的治国大道，但是这种人偏偏爱好它；虽然天下的民众没有谁想要古代的治国大道，但是这种人偏偏遵行它；爱好古代治国大道的会贫穷，遵行古代治国大道的会困厄，但是这种人还是要遵行它，并不因此而停止片刻。唯独这种人清楚地明了古代帝王取得国家政权和失去国家政权的原因，他了解国家的安危、政治的好坏就像分辨黑白一样清楚。这种人，如果君主重用他，那么天下就能统一，诸侯就会来称臣；如果君主不重用他，那么威势也能扩展到邻邦敌国；即使君主不能任用他，但如果能使他不离开自己的国土，那么国家在他活着的时候也就不会有什么祸患。所以统治人民的君主，爱护人民，国家就会安宁，喜欢士人，国家就会荣耀，这两者一样都没有，国家就会灭亡。《诗经》上说："贤士就是那屏障，大众就是那围墙。"说的就是这个道理。

【原文】

道者，何也？曰：君道也。君者，何也？曰：能群也。能群也者，何也？曰：善生养人者也，善班①治人者也，善显设②人者也，善藩饰③人者也。善生养人者人亲之，善班治人者人安之，善显设人者人乐之，善藩饰人者人荣之。四统者俱而天下归之，夫是之谓能群。不能生养人者人不亲也，不能班治人者人不安也，不能显设人者人不乐也，不能藩饰人者人不荣也。四统者亡而天下去之，夫是之谓匹夫。故曰：道存则国存，道亡则国亡。省工贾，众农夫，禁盗贼，除奸邪，是所以生养之也。天子三公，诸侯一相，大夫擅官，士保职，莫不法度而公，是所以班治之也。论德而定次，量能而授官，皆使其人载其事而各得其所宜。上贤使之为三公，次贤使之为诸侯，下贤使之为士大夫，是所以显设之也。修冠弁④、衣裳、黼黻⑤、文章、瑑琢、刻镂皆有等差，是所以藩饰之也。故⑥由天子至于庶人也，莫不骋其能，得其志，安乐其事，是所同也。衣暖而食充，居安而游乐，事时制明而用足，是又所同也。若夫重色而成文章，重味⑦而成珍备⑧，是所衍也。圣王财衍以明辨异，上以饰贤良而明贵贱，下以饰长幼而明亲疏，上在王公之朝，下在百姓之家，天下晓然皆知其非以为异也，将以明分达治而保万世也。故天子、诸侯无靡费之用，士大夫无流淫之行，百吏官人无怠慢之事，众庶百姓无奸怪之俗，无盗贼之罪，其能以称义遍矣。故曰："治则衍及百姓，乱则不足及王公。"此之谓也。

【注释】

① 班：通"辨"，治理。

② 显设：任用，安排。

③ 藩饰：装饰，指裁制不同的服饰给人穿戴以显示出不同的等级。

④ 弁（biàn）：冠名。古代男子穿通常礼服时所戴的冠称弁。

⑤ 黼（fǔ）黻（fú）：礼服上所绣的华美花纹。

⑥ 故：犹"夫"，发语词。

⑦ 味：食物。

⑧ 备：完美的意思。

【译文】

道是什么？回答：道是君主所遵行的原则。君主是什么？回答：君主是能够团结他人的人。什么才是团结？回答：是指善于养活人，善于治理人，善于任用人，善于用不同的服饰来装饰人。善于养活人的，人们就亲近他；善于治理人的，人们就安心顺从他；善于任用人的，人们就喜欢他；善于用服饰来装饰人的，人们就赞美他。这四个要领具备了，天下的人就会归顺他，这就叫作能把人组织成社会群体。不能养活人的，人们就不会亲近他；不能治理人的，人们就不会安心顺从他；不能任用人的，人们就不会喜欢他；不能用服饰装饰人的，人们就不会赞扬他。这四个要领都没有做到，天下的人就会背离他，这就叫作孤身一人的独夫。所以说：大道存在，国家就存在；大道丧失了，国家就灭亡。减少手工业者和商人，增加农民人数，禁止小偷、强盗，铲除奸诈邪恶之徒，这就是用来养活人的办法。天子配备三公，诸侯配备一个相，大夫独掌某一官职，士谨守自己的职责，无不按照法令制度而秉公办事，这就是用来治理人的方法。根据德行来确定等级，衡量才能来授予官职，使他们每人都承担他们的工作而每个人都能得到和他的才能相适合的职务。上等的贤才使他们担任三公，次一等的贤才使他们做诸侯，下等的贤才使他们当士大夫，这就是任用人的办法。修饰帽子和衣裳、礼服上绘画的各种彩色花纹、各种器具上雕刻的图案等都有一定的等级差别，这就是用来打扮装饰人的方法。从天子一直到普通老百姓，没有谁不想施展自己的才能，实现自己的志向，安逸愉快地从事自己的工作，这是每个人都相同的。穿得暖和而吃得饱，住得安适而玩得快乐，事情办得及时，制度明白清楚，财物用度充足，这些又是每个人共同的愿望。至于那使用多种颜色而绘成衣服上的彩色花纹，用多种食物而烹煮成珍馐美味，这是富饶有余的表现了。圣明的帝王富饶有余是为了彰明等级差别，在上用来装饰贤能善良的人而显示地位的高低，在下用来装饰长幼而表明亲疏关系，这样，上到君主的朝廷，下到平民百姓的家庭，天下人都明明白白地知道圣明的帝王并不是要用这些东西故意制造等级差别，而是要用它来明确名分并达到治理的目的，从而保持千秋万代永远太平。所以天子、诸侯没有浪费的用度，士大夫没有放荡的行为，群臣百官没有怠慢的政事，百姓没有奸诈、怪僻的习俗，没有偷盗、抢劫的罪行，这就能够称为道义遍行于天下了。所以说："国家安定，那么富裕会遍及百姓；国家混乱，那么拮据会延及王公。"说的就是这个道理。

【原文】

至道大形①：隆礼至②法则国有常，尚贤使能则民知方，纂论③公察则民不疑，赏克罚偷则民不怠，兼听齐明则天下归之。然后明分职，序事业，材技官能，莫不治理，则公道达而私门塞矣，公义明而私事息矣。如是，则德厚者进而佞说者止，贪利者退而廉节者起。《书》曰："先时者杀无赦，不逮时者杀无赦。"人习其事而固，人之百事如耳目鼻口之不可以相借官也，故职分而民不探，次定而序不乱，兼听齐明而百事不留。如是，则臣下、百吏至于庶人莫不修己而后敢安正④，诚能而后敢受职，百姓易俗，小人变心，奸怪之属莫不反悫。夫是之谓政教之极。故天子不视而见，不听而聪，不虑而知，不动而功，块然⑤独坐而天下从之如一体，如四肢之从心。夫是之谓大形。《诗》曰："温温恭人，维德之基。"此之谓也。

【注释】

扫码看视频

①形：表现。此指实行"至道"以后所表现出来的政治效果。

②至：极，使……成为最高。

③纂论：与"公察"的文义相近，指考查贤能时集中各方面的人员进行审查。

④正：居住。

⑤块然：同"肖然"，独自屹立而不动的样子，即上文"不视""不听""不虑""不动"的样子。

【译文】

　　治国大道的最好表现是：推崇礼义，使法制高于一切，那么国家就会有常规；尊重贤德的人，任用有才能的人，那么民众就会知道努力的方向；群众议论、公开考查，那么民众就不会怀疑了；奖赏勤劳的人，惩罚偷懒的人，那么民众就不会懒惰了；同时听取各种意见，明察一切事情，那么天下人就会归顺他。然后明确名分职责，根据轻重缓急的次序来安排工作，安排有技术的人做事，任用有才能的人当官，没有什么得不到治理，那么为公家效劳的道路就畅通了，而谋私的门径就被堵住了，为公的原则显明了而谋私的事情就止息了。像这样，那么品德高尚的人就得到起用而巧言谄媚的人就受到遏止，贪图财利的人被黜退而廉洁奉公的人被提拔。《尚书》上说："在规定的时刻之前行动的，杀而不赦；没有赶上规定时刻而落后的，杀而不赦。"人们往往因为熟悉了自己的工作而固守本职不改行，人们的各种工作，就像耳朵、眼睛、鼻子、嘴巴等不可以互相替代一样，所以，职务划分后民众就不会怠慢，等级确定后秩序就不会混乱，同时听取各种意见，明察一切，那么各种工作就不会拖拉。像这样，那么大臣、百官直到平民百姓就无不修正了自己的行为以后才敢安居乐业，真正有了才能以后才敢接受官职，百姓改变了习俗，小人转变了思想，奸邪怪僻之流无不转向诚实谨慎。这就叫作政治教化的最高境界。所以天子不用看就能发现问题，不用打听就能明白真相，不用考虑就能知道事理，不用动手就能功成名就，岿然不动地独自坐着而天下人顺从他就像一个整体一样，就像四肢顺从思想的支配一样。这就是大道的最好表现。《诗经》上说："温柔谦恭的人们，以道德为根本。"说的就是这种人。

【原文】

　　为人主者，莫不欲强而恶弱，欲安而恶危，欲荣而恶辱，是禹、桀之所同也。要①此三欲，辟②此三恶，果何道而便？曰：在慎取相，道莫径是矣。故③知而不仁不可，仁而不知不可，既知且仁，是人主之宝也，而王霸之佐也。不急得，不知；得而不用，不仁。无其人而幸有其功，愚莫大焉。

【注释】

①要：设法取得。

②辟（bì）：通"避"。

③故：犹"夫"，发语词。

【译文】

做君主的，无不希望强盛而厌恶衰弱，希望安定而厌恶危险，希望荣耀而厌恶耻辱，这是禹和桀所相同的欲望。要实现这三种欲望，避免这三种厌恶的东西，究竟采取什么办法最便利？回答说：在于慎重地选取相，没有什么办法比这个更简便的了。对于相的人选，有智慧而没有仁德，不行；有仁德而没有智慧，也不行；既有智慧又有仁德，这便是君主的宝贵财富，是成就王业和霸业的助手。君主不急于求得相才，是不明智；得到了相才而不重用，是不仁慈。没有德才兼备的相而希望取得王霸之功，没有比这个更愚蠢的了。

点名评师

　　本文在内容上大致可以分为两个层次，第一层主要描述君臣、君民的关系，指出君主是治理国家的源头，是臣民行事的榜样，君主要想治理好国家，必须加强自身的修养；第二层阐述君主治国需要遵循的政治原则，认为君主应当推崇礼义和法治，广泛听取意见，培养和任用贤才。文中所提到的"君人者爱民而安，好士而荣，两者无一焉而亡""道存则国存，道亡则国亡"等观点，无疑可作为君主的座右铭，对于君主修身养性和处理国事具有启迪意义。

延伸/阅读

　　公元前633年，楚成王派兵包围了宋国国都。宋成公派使者去晋国求救。晋文公召集群臣商量。晋之名将先轸说："报恩、救难、立威、称霸，就看这一次了。"晋文公的舅父狐偃说："楚国刚刚得到曹国，最近又与卫国联姻。现在若举兵进攻曹、卫，楚必分兵援救，那么宋国之围就可以解除了。"

　　于是晋国在被庐举行大规模的阅兵，依照大国的编制组建三军。经商量，大夫郤縠被任命为元帅，统率中军。

　　当初，晋文公一回国就致力于训练民众。次年，晋文公想使用他们。子犯说："晋国战乱多年，人民还不知道什么是义，还没有安居乐业。"于是晋文公加强外交活动，护送周襄王回国复位；即位后又积极为人民谋利益，人民开始逐渐关心生产，安于生计。不久，晋文公又想用兵，子犯又说："百姓还不懂得信，并且还未向他们宣传信的作用。"于是晋文公又征伐了原国，约定十天内攻不下就撤兵。十日后晋文公未能攻下，果真守信撤兵，以此来向国人证明他是讲信用的。在这一系列行动的影响下，晋国的商人做生意不求暴利，明码标价，童叟无欺，全国形成了讲信用的好风气。

于是晋文公说："现在总可以了吧？"子犯说："人民还不知贵贱尊卑之礼，没有恭敬之心。"于是晋文公用大规模的阅兵来表示礼仪之威严，设置执法官来管理官员。这样一来，人民开始习惯于服从命令，不再有疑虑，这时才使用他们。城濮一战，楚国被迫撤兵谷邑，晋国为宋国解了围，一战而称霸诸侯。这都是因为晋文公善于用仁德教化。

学海/拾贝

☆ 故上好礼义，尚贤使能，无贪利之心，则下亦将綦辞让，致忠信，而谨于臣子矣。

☆ 君者，仪也，仪正而景正；君者，槃也，槃圆而水圆；君者，盂也，盂方而水方。

☆ 君者，民之原也，原清则流清，原浊则流浊。

☆ 故君人者爱民而安，好士而荣，两者无一焉而亡。

☆ 善生养人者人亲之，善班治人者人安之，善显设人者人乐之，善藩饰人者人荣之。

☆ 道存则国存，道亡则国亡。

☆ 故知而不仁不可，仁而不知不可，既知且仁，是人主之宝也，而王霸之佐也。

臣　道

名师导读

　　本篇与《君道》篇相对，主要阐述了为臣之道。荀子首先分析了四类臣子的行为特征以及他们对国家命运的不同影响，指出君主应谨慎地选择大臣，然后说明为臣之道，即臣子面对不同的君主应当采取不同的原则和方法。文章为君主任用臣子、臣子侍奉君主提供了借鉴。

【原文】

　　人臣之论：有态①臣者，有篡臣者，有功臣者，有圣臣者。内不足使一民，外不足使距②难，百姓不亲，诸侯不信，然而巧敏佞说③，善取宠乎上，是态臣者也。上不忠乎君，下善取誉乎民，不恤公道通义，朋党比周，以环④主图私为务，是篡臣者也。内足使以一民，外足使以距难，民亲之，士信之，上忠乎君，下爱百姓而不倦，是功臣者也。上则能尊君，下则能爱民；政令教化，刑⑤下如影；应卒⑥遇变，齐给如响；推类接⑦誉⑧，以待无方，曲成制象⑨，是圣臣者也。故用圣臣者王，用功臣者强，用篡臣者危，用态臣者亡。态臣用则必死，篡臣用则必危，功臣用则必荣，圣臣用则必尊。故齐之苏秦、楚之州侯、秦之张仪，可谓态臣者也。韩之张去疾、赵之奉阳、齐之孟尝，可谓篡臣也。齐之管仲、晋之咎犯、楚之孙叔敖，可谓功臣矣。殷之伊尹、周之太公，可谓圣臣矣。是人臣之论也，吉凶贤不肖之极也，必谨志之而慎自为择取焉，足以稽矣。

【注释】

①态：姿态，态度，引申指阿谀奉承的样子。

②距：通"拒"。

③说：通"锐"，指口齿伶俐。

④环：通"营"，迷惑。

⑤刑：通"型"，典范，榜样。这里用作动词，做榜样。

⑥卒（cù）：同"猝"，突然。

⑦接：会合。

⑧誉：通"与"，同类。

⑨曲成制象：指行为处处成为准则，这是严格遵守法度的结果。制，制度，准则。象，法式，榜样。

【译文】

大臣的类别：有阿谀奉承的大臣，有篡夺君权的大臣，有功绩显赫的大臣，有圣明通达的大臣。对内不能用他来统一百姓，对外不能用他来抵御灾难，百姓不亲近他，诸侯们不相信他，但是他能说会道、巧言善辩，善于从君主那里取得宠信，这就是阿谀奉承的大臣。对上不忠于君主，对下善于从百姓那里取得好名声来树立威望，不顾及道义，拉党结派，把迷惑君主、贪图私利当作自己的要事，这是篡夺君权的大臣。对内能够用他来统一百姓，对外能够用他来抵御灾难，百姓愿意与他亲近，士大夫愿意信任他，对上忠心耿耿，对下体恤百姓而从不厌倦，这是功绩显赫的大臣。对上能够尊敬君主，对下能爱护百姓；推行政令教化，百姓如影随形般向他学习；应对突发事件、变故，就像回声一样迅速敏捷；推理类似的事物来对照同类的东西，从容应对变化无常的情况，他的行为处处成为准则，这就是圣明通达的大臣。所以任用圣明通达的大臣，就会称王天下；任用功绩显赫的大臣，国家就会强盛；任用篡夺君权的大臣，国家就会危险；任用阿谀奉承的大臣，国家就会灭亡。阿谀奉承的大臣得到重用，君主就会丧命；篡夺君权的大臣得到重用，君主就危险了；功绩显赫的大臣得到重用，君主就会光荣；圣明通达的大臣得到重用，君主就受到尊崇。所以，齐国的苏秦、楚国的州侯、秦国的张仪，就是阿谀奉承的大臣。韩国的张去疾、赵国的奉阳君、齐国的孟尝君，就是篡夺君权的大臣。齐国的管仲、晋国的舅犯、楚国的孙叔敖，就是功绩显赫的大臣。商朝的伊尹、周朝的姜太公，就是圣明通达的大臣。这些大臣的类别，是预测国家安危和君主是否贤能的准则，君主一定要记住而谨慎地选择大臣，这就是参考的标准。

【原文】

从命而利君谓之顺，从命而不利君谓之谄；逆命而利君谓之忠，逆命而不利君谓之篡；不恤君之荣辱，不恤国之臧否①，偷合苟容，以持禄养交而已耳，谓之国贼。君有过谋过事，将危国家、殒社稷之惧②也，大臣、父兄有能进言于君，用则可，不用则去，谓之谏；有能进言于君，用则可，不用则死，谓之争③；有能比知同力，率群臣百吏而相与强④君挢⑤君，君虽不安，不能不听，遂以解国之大患，除国之大害，成于尊君安国，谓之辅；有能抗君之命，窃君之重，反君之事，以安国之危，除君之辱，功伐足以成国之大利，谓之拂⑥。故谏、争、辅、拂之人，社稷之臣也，国君之宝也，明君所尊厚也，而暗主惑君以为己贼也。故明君之所赏，暗君之所罚也；暗君之所赏，明君之所杀也。伊尹、箕子可谓谏矣，比干、子胥⑦可谓争矣，平原君⑧之于赵可谓辅矣，信陵君⑨之于魏可谓拂矣。传曰："从道不从君。"此之谓也。

【注释】

①臧否：好坏。

②惧：担心。

③争：同"诤"，拼命规劝。

④强：勉力强求。

⑤挢：同"矫"，强行纠正。

⑥拂（bì）：通"弼"，匡正，矫正。

⑦子胥：即伍子胥，名员，春秋时楚国人，受楚平王迫害而逃到吴国，为吴国大夫。后苦谏吴王夫差，反对接受越国的求和，被赐剑自杀。

⑧平原君：即赵胜，战国时赵惠文王的弟弟，封于东武城（今山东武城西北），号平原君，三任赵相，曾联合楚、魏抗秦救赵。

⑨信陵君：即魏无忌，战国时魏安釐王的异母弟弟，号信陵君。秦攻赵时，曾设法窃得兵符亲率军队破秦救赵。

【译文】

听从君主命令并且有利于君主的叫作顺从，听从君主命令而不利于君主的叫作谄媚；违反君主命令而有利于君主的叫作忠心，违反君主命令而不利于君主的叫作篡权；不考虑君主的荣辱，不考虑国家的好坏，一味无原则地迎合君主而苟且偷生，来保住自己的俸禄或去勾结党羽，这叫作国家的奸贼。君主有了错误的谋划和行为，即将使国家陷入危险、政权陷入灭亡，大臣、父子、兄弟中有能向君主进言献策的人，谏言被采纳就好，不被采纳就离去，这叫作劝谏；有人向君主进言献策，谏言被采纳就好，不被采用就殉身，这叫作死诤；如果有人能把有智慧的人联合起来使他们齐心协力，率领群臣百官一同强行纠正君主，君主虽然不安心，却不能不听，于是消除了国家的祸患，除掉了国家的灾难，成功使君主尊贵、国家安宁，这叫作辅佐；如果有人能违抗君主的命令，借助君主的权力，反对君主的行事，以此使国家转危为安，去除君主所受的羞辱，功劳足够给国家带来利益，这叫作匡正。劝谏、死诤、辅佐、匡正的人，是巩固国家政权的大臣，是国君的珍宝，是英明的君主应尊重厚待的人，但愚昧糊涂的君主把他们当作自己的敌人。所以英明的君主所赏赐的人，也是愚昧的君主所处罚的人；愚昧的君主所赏赐的人，也是英明的君主所诛杀的人。伊尹、箕子可以称为劝谏了，比干、子胥可以称为死诤了，平原君对赵国来说可以称为辅佐了，信陵君对魏国来说可以称为匡正了。古书上说："顺从道义而不顺从君主。"说的就是这个道理。

【原文】

故正义之臣设①，则朝廷不颇；谏、争、辅、拂之人信，则君过不远；爪牙之士施，则仇雠不作；边境之臣处，则疆垂②不丧。故明主好同而暗主好独，明主尚贤使能而飨③其盛④，暗主妒贤畏能而灭其功。罚其忠，赏其贼，夫是之谓至暗，桀、纣所以灭也。

【注释】

①设：安排，任用。

②垂：通"陲"，边疆。

③飨：通"享"，享受。

④盛：通"成"，成果。

【译文】

所以坚持正义的臣子得到任用，那么朝廷就不会偏邪不正；劝谏、死诤、辅佐、匡正的人受到信任，那么君主的过错就不会延续很久；勇猛有力的武士被任用，那么仇敌就不敢兴风作浪；边境上的大臣忠于职守，那么边境就不会丧失。所以，英明的君主喜欢团结别人共事，而愚昧的君主喜欢独断专行；英明的君主推崇贤德的人、任用有才能的人而享有他们的成果，愚昧的君主忌妒贤德的人、害怕有才能的人而埋没他们的功绩。惩罚忠臣，奖赏奸贼，这叫作极其昏庸，这就是夏桀、商纣灭亡的原因。

【原文】

　　恭敬而逊，听从而敏，不敢有①以私决择也，不敢有以私取与也，以顺上为志，是事圣君之义也。忠信而不谀，谏争而不谄，挢然刚折，端志而无倾侧之心，是案曰是，非案曰非，是事中君之义也。调而不流，柔而不屈，宽容而不乱，晓然以至道而无不调和也，而能化易，时关内②之，是事暴君之义也。若驭朴马，若养赤子，若食③馁④人，故因其惧也而改其过，因其忧也而辨⑤其故，因其喜也而入其道，因其怒也而除其怨：曲⑥得所谓⑦焉。《书》曰："从命而不拂，微谏而不倦，为上则明，为下则逊。"此之谓也。

【注释】

扫码看视频

　　①有：通"又"，再，更。

　　②关内：纳入。关，入。内，同"纳"。

　　③食：通"饲"，喂。

　　④馁：同"馁"，饥饿。

　　⑤辨：通"变"。

　　⑥曲：曲折，迂回。

　　⑦所谓：所要达到的目的。指改变暴君的性情，即"改其过"，"辨其故"，"入其道"，"除其怨"。谓，通"为"。

【译文】

　　恭敬而又谦逊，听从而又敏捷地执行命令，不敢再根据私利去决断和选择，不敢再根据私利去取舍，把顺从君主作为自己的志向，这是侍奉圣明君主的原则。忠诚守信而不阿谀，劝谏力争而不谄媚，刚强果断，思想端正而没有偏斜不正的念头，对的就说对，错的就说错，这是侍奉一般君主的原则。调和却不随波逐流，温柔却不低头屈从，宽容却不和君主一起妄为，让他通晓治国大道而事情没有不协调和顺的，那就感化并改变君主暴虐的本性，时时把正确的原则灌输到他心中去，这是侍奉暴君的原则。侍奉暴君就像驾驭未训练过的马，就像抚养初生的婴儿，就像喂饥饿的人吃东西一样，所以要趁他畏惧的时候使他改正错误，趁他忧虑的时候使他改变过去的行为，趁他高兴的时候使他走入正道，趁他发怒的时候使他消除怨恨：这样就能曲折地达到目的。《尚书》中说："服从命令而不违背，小心规劝而不懈怠，做君主要明智，做臣子要谦逊。"说的就是这种情况。

【原文】

有大忠者，有次忠者，有下忠者，有国贼者。以德复①君而化之，大忠也；以德调君而补之，次忠也；以是谏非而怒之，下忠也；不恤君之荣辱，不恤国之臧否，偷合苟容，以之持禄养交而已耳，国贼也。若周公之于成王也，可谓大忠矣；若管仲之于桓公，可谓次忠矣；若子胥之于夫差②，可谓下忠矣；若曹触龙之于纣者，可谓国贼矣。

【注释】

①复：通"覆"，覆育。

②夫差（chāi）：春秋末年吴国国君，阖闾之子，因不听伍子胥的劝谏，放了越王勾践，结果为勾践所灭。

【译文】

有头等的忠臣，有次一等的忠臣，有下等的忠臣，有国家的奸贼。用道德覆育君主而感化他，是头等的忠诚；用道德来调养君主而辅助他，是次一等的忠诚；用正确的去劝阻君主的错误却触怒了他，是下等的忠诚；不顾君主的荣辱，不顾国家的得失，苟且迎合君主以求得容身，以此来保住自己的俸禄、蓄养党羽，这是国家的奸贼。像周公对于周成王，可以说是头等的忠诚了；像管仲对于齐桓公，可以说是次一等的忠诚了；像伍子胥对于夫差，可以说是下等的忠诚了；像曹触龙对于商纣王，可以说是国家的奸贼了。

【原文】

通忠之①顺，权②险之平，祸乱之从声，三者非明主莫之能知也。争然后善，戾然后功，出死无私，致忠而公，夫是之谓通忠之顺，信陵君似之矣。夺然后义，杀然后仁，上下易位然后贞，功参天地，泽被生民，夫是之谓权险之平，汤、武是也。过而通情③，和而无经，不恤是非，不论曲直，偷合苟容，迷乱狂生，夫是之谓祸乱之从声，飞廉、恶来是也。传曰："斩而齐，枉而顺，不同而一。"《诗》曰："受小球大球④，为下国缀旒⑤。"此之谓也。

【注释】

①之：到。
②权：变。
③通情：同情。
④小球大球：小事之法度与大事之法度。球，通"捄"，法度。
⑤缀旒（liú）：表率的意思，此喻指商汤、周武王成为表率。缀，表记。旒，挂在旗帜边缘的装饰品。

【译文】

推行忠诚而达到顺从，改变危险的局面而达到安定，祸乱出现了还随声附和，这三种情况不是英明的君主是不能明白的。向君主力争然后才能行善，违背君主然后才能立功，豁出性命而没有私心，极其忠诚而公正，这叫作使忠诚畅通无阻而达到顺从，信陵君类似于这种人。夺取君权然后才能实行道义，杀掉君主然后才能实现仁德，君臣交换地位然后才能达到正道，功业与天地并列，恩泽惠及广大民众，这叫作改变危险的局面而达到安定，商汤、周武王就是这样的人。君主错了却还同情他，只是无原则地附和君主，不顾是非，不讲曲直，苟且地迎合君主以求得容身，迷惑昏乱而狂妄无知地追求生活享受，这叫作祸乱出现了还随声附和，飞廉、恶来就是这种人。古书上说："有了参差才有整齐，有了不直才有直，有了不同才有一致。"《诗经》上说："接受小法与大法，成为各国的表率。"说的就是这种情况。

名师点评

本文体现了荀子的君臣观。荀子指出了各种各样的臣有各种各样的态度与行为，对君主、国家有着不同的影响与作用，因此，应该十分重视君主对臣子的任用。人臣有善有恶，有忠有奸，君主应该有眼光、有能力辨别优劣，重用治国安民的贤臣，远离危国败政的奸佞，才能使社稷持久。另一方面，荀子认为，臣下事君要讲究权变，遵从道义，而不是一味地迎合和屈从，这在当时具有明显的进步意义，对后世也有深远的影响。

延伸/阅读

公元前686年，齐襄公在暴乱中被杀害，当时他的两个兄弟公子纠和公子小白都在鲁国。听说齐襄公被杀的消息后，公子纠和公子小白都想抢先一步回到齐国继承王位。当时，辅佐公子纠的是管仲，辅佐公子小白的是管仲的朋友鲍叔牙。管仲为了让公子纠率先回到齐国继位，便去拦截公子小白，趁公子小白不注意，朝他射了一箭。之后，管仲见公子小白口吐鲜血，以为公子小白已死，心中大喜，急忙纵马逃走。没想到箭只射中了公子小白的衣带钩，为了防止管仲再射，公子小白急中生智，咬破舌尖吐血装死，这才逃过一劫。后来公子小白继承了王位，即齐桓公。他不计前嫌，拜管仲为相。管仲为齐桓公的举动所打动，从此全心全意地辅佐齐桓公。他在齐国大刀阔斧地进行改革，使齐国国力迅速增强。管仲又建议齐桓公打出"尊王攘夷"的旗号，九合诸侯，最终使得齐桓公称霸天下，成为"春秋五霸"之首。

学海/拾贝

☆ 态臣用则必死，篡臣用则必危，功臣用则必荣，圣臣用则必尊。

☆ 是人臣之论也，吉凶贤不肖之极也，必谨志之而慎自为择取焉，足以稽矣。

☆ 故谏、争、辅、拂之人，社稷之臣也，国君之宝也，明君所尊厚也，而暗主惑君以为己贼也。

☆ 以德复君而化之，大忠也；以德调君而补之，次忠也；以是谏非而怒之，下忠也；不恤君之荣辱，不恤国之臧否，偷合苟容，以之持禄养交而已耳，国贼也。

☆ 通忠之顺，权险之平，祸乱之从声，三者非明主莫之能知也。

天 论

名师导读

本篇主要论述了天人之间，即自然和社会之间的关系。荀子认为，天有其特定的运行规律，不以人们的意志为转移，因此国家的治乱和人事的祸福与天无关，人们应当"明于天人之分"。荀子主张与天相参，"制天命而用之"，即顺应和利用自然规律，进而改造自然，提倡人定胜天，使自然为人类服务。

【原文】

天行有常，不为尧存，不为桀亡。应之以治则吉，应之以乱则凶。强本而节用，则天不能贫；养备而动时，则天不能病；修①道而不贰②，则天不能祸。故水旱不能使之饥渴③，寒暑不能使之疾，祆④怪不能使之凶。本荒而用侈，则天不能使之富；养略⑤而动罕⑥，则天不能使之全；倍道而妄行，则天不能使之吉。故水旱未至而饥，寒暑未薄⑦而疾，祆怪未至而凶。受时与治世同，而殃祸与治世异，不可以怨天，其道然也。故明于天人之分，则可谓至人矣。不为而成，不求而得，夫是之谓天职。如是者，虽深，其人不加虑焉；虽大，不加能焉；虽精，不加察焉。夫是之谓不与天争职。天有其时，地有其财，人有其治，夫是之谓能参。舍其所以参而愿其所参，则惑矣。列星随旋，日月递焰^⑧，四时代御，阴阳大化，风雨博施，万物各得其和以生，各得其养以成，不见其事而见其功，夫是之谓神。皆知其所以成，莫知其无形，夫是之谓天。唯圣人为不求知天。

【注释】

① 修：当作"循"，遵循。

② 贰：当作"忒"，差错。

③ 渴：疑为衍文。

④ 祆（yāo）：怪异。

⑤ 养略：供养不足。

⑥ 动罕：活动少，形容人懒惰。

⑦ 薄：迫近，接近。

⑧ 焰：同"照"。

【译文】

天道有自己运行的规律，不会因为尧而存在，也不会因为桀而灭亡。用安定来适应它就会吉利，用混乱来适应它就会危险。加强农业生产而节约费用，那么天不可能让人贫困；供养充足而能根据天时变化进行劳作，那么天不可能让人生病；遵循大道而不出差错，那么天不可能让人遭遇灾祸。所以水旱灾害不能使人饥饿，寒暑变化不能使人生病，怪异之事不能使人危险。农业生产荒废而生活奢侈，那么天不可能使人富裕；供养不足而又不勤于劳作，那么天不可能使人健康；违背大道而胡作非为，那么天不可能使人吉利。所以水旱灾害没有发生就遭受饥饿，严寒酷暑没有逼近就生病，怪异之事没有出现就遇到危险。遇到的天时和安定的社会相同，但遇到的灾祸和安定的社会不同，这不能怪罪上天，是治国的方法造成的。所以懂得天和人的分别，就可以称为圣人了。不刻意去做就成功，不刻意求取就得到，这叫作天职。像这样，虽然深远，圣人也不加以考虑；虽然广大，圣人也不加以干涉；虽然精微，圣人也不加以考察。这就叫作不和天争夺职能。天有自己的时令变化，地有自己的财富资源，人有自己的治理方法，这就叫作能与天地并立。舍弃和天地并立的治理方法而期望拥有天地的功能，这种行为实在令人困惑。星辰相随旋转，日月交替照耀，四季轮流降临，阴阳化生万物，风雨广泛地滋润万物，万物各得和气而生长，各得滋养而成熟，看不到它化生万物的痕迹却能看到它的功效，这就叫作神妙。人们都知道它化生万物，却不知道它无形无迹，这就叫作天。只有圣人不求了解天。

【原文】

天职既立，天功既成，形具而神生，好恶、喜怒、哀乐臧①焉，夫是之谓天情。耳目鼻口形能，各有接而不相能也，夫是之谓天官。心居中虚以治五官，夫是之谓天君。财②非其类，以养其类，夫是之谓天养。顺其类者谓之福，逆其类者谓之祸，夫是之谓天政。暗其天君，乱其天官，弃其天养，逆其天政，背其天情，以丧天功，夫是之谓大凶。圣人清其天君，正其天官，备其天养，顺其天政，养其天情，以全其天功。如是，则知其所为，知其所不为矣，则天地官而万物役矣。其行曲③治，其养曲适，其生不伤，夫是之谓知天。故大巧在所不为，大智在所不虑。所志④于天者，已其见象之可以期者矣；所志于地者，已其见宜之可以息者矣；所志于四时者，已其见数之可以事者矣；所志于阴阳者，已其见知⑤之可以治者矣。官人守天而自为守道也。

【注释】

①臧：同"藏"，蕴藏。

②财：通"裁"，裁择。

③曲：完全。

④志：认识。

⑤知：当作"和"，和谐。

【译文】

天的职能确立以后，天的功绩完成以后，人的形体具备了，精神随之产生，好恶、喜怒、哀乐等情感蕴藏在里面，这就叫作天然的情感。耳朵、眼睛、鼻子、嘴巴和形体，各有接触外物的功用而不能相互替代，这就叫作天然的感官。心处于中部虚空的地方来主宰五官，这就叫作天然的君主。裁择其他物类来奉养人类，这就叫作天然的供养。遵从同类的需要叫作福，违逆同类的需要叫作祸，这就叫作天然的政治。欺瞒天然的君主，干扰天然的感官，废弃天然的供养，违逆天然的政治，背离天然的情感，导致丧失了天然的功绩，这就叫作大凶。圣人能够澄清天然的君主，调正天然的感官，备足天然的供养，遵从天然的政治，涵养天然的情感，来保全天然的功绩。像这样，圣人就会知道自己应当做什么，知道自己不应当做什么，就能利用天地而役使万物了。圣人的行为完全合理，保养完全适宜，生命不会受到伤害，这就叫作了解天。所以真正聪明的人在于不去做不应该做的事情，真正有智慧的人在于不去考虑不应该考虑的问题。圣人对于天的认识，借助出现的天象就能推测出来；对于地的认识，借助它适宜生长的条件就能去繁衍种植；对于四季的认识，借助它变化规律就能安排农事；对于阴阳的认识，借助它表现出来的和谐就能来处理政事。圣人任用他人观察天象而自己掌握治国的道理。

【原文】

治乱天邪？曰：日月、星辰、瑞历①，是禹、桀之所同也；禹以治，桀以乱，治乱非天也。时邪？曰：繁启②、蕃③长于春夏，畜积、收藏于秋冬，是又禹、桀之所同也；禹以治，桀以乱，治乱非时也。地邪？曰：得地则生，失地则死，是又禹、桀之所同也；禹以治，桀以乱，治乱非地也。《诗》曰："天作高山，大王荒之。彼作矣，文王康之。"此之谓也。

【注释】

①瑞历：祥瑞的历象。

②启：萌芽。

③蕃：茂盛。

【译文】

国家的治乱是天造成的吗？回答说：日月、星辰、祥瑞的历象，是大禹、夏桀共同面对的。大禹使国家安定，夏桀使国家混乱，所以国家的治乱不是天造成的。是季节造成的吗？回答说：农作物在春天纷纷萌芽，在夏天茂盛地生长，在秋天收获，在冬天蓄积，这也是大禹、夏桀共同面对的。大禹使国家安定，夏桀使国家混乱，所以国家的治乱不是季节造成的。是大地造成的吗？回答说：万物得到土地就会生长，失去土地就会灭亡，这又是大禹、夏桀共同面对的。大禹使国家安定，夏桀使国家混乱，所以国家的治乱不是大地造成的。《诗经》上说："天创造了这座高山，大王加以开垦。已经创立了基业，文王使它平安。"说的就是这个道理。

【原文】

在天者莫明于日月，在地者莫明于水火，在物者莫明于珠玉，在人者莫明于礼义。故日月不高，则光晖不赫；水火不积，则晖润不博；珠玉不睹①乎外，则王公不以为宝；礼义不加于国家，则功名不白②。

故人之命在天，国之命在礼。君人者隆礼尊贤而王，重法爱民而霸，好利多诈而危，权谋、倾覆、幽险而亡矣。大天而思之，孰与物畜而制之！从天而颂之，孰与制天命而用之！望时而待之，孰与应时而使之！因物而多之，孰与骋能而化之！思物而物之，孰与理物而勿失之也！愿于物之所以生，孰与有物之所以成！故错人而思天，则失万物之情。

【注释】

① 晘：当作"睹（dǔ）"字，明亮的意思。
② 白：显著。

扫码看视频

【译文】

天上没有什么比日月更明亮，地上没有什么比水火更明亮，万物中没有什么比珠玉更明亮，人间没有什么比礼义更明亮。所以日月不高悬在空中，光辉就不会显赫；水火不积聚，光泽就不广泛；珠玉的光彩不显露，王公大臣就不会将它视为珍宝；礼义不在国内施行，功名就不会显著。所以人的命运由天决定，国家的命运由礼义决定。国君尊崇礼义、尊敬贤才就能称王，重视法令、爱护百姓就能称霸，贪求利益、多行伪诈就会危险，玩弄权谋、倾轧陷害、阴险凶恶就会灭亡。推崇天而仰慕它，怎么比得上将它作为物蓄养起来而掌握它！顺从天而赞颂它，怎么比得上掌握它的规律而利用它！盼望天时而等候它，怎么比得上顺应天时而利用它！听任万物自然生长而使它增多，怎么比得上发挥才能去改造它！仰慕万物而想占据它，怎么比得上促进万物的成长而不失去它！希望了解万物是如何生成的，怎么比得上促进万物的成长！所以放弃人为的努力而寄希望于天，就违反了万物的本性。

点名师评

　　本文体现了荀子朴素的唯物主义自然观，是荀子思想中非常有价值的部分。荀子所提出的"天行有常""明于天人之分""制天命而用之"等观点在中国思想史上具有划时代的意义，对"天命论"进行了批判和否定，肯定了人的主观作用，指出只要人们能够认识和把握自然规律，就能改造自然，让自然为我所用。这种人定胜天的思想激励着人们积极发挥主观能动性，无论在当时还是现在都有着重要意义。

延伸/阅读

　　夏桀是夏朝的最后一位君主，是历史上有名的暴君。他在位时，任用小人，排挤贤臣，荒淫奢侈，大肆搜刮民脂民膏，导致民不聊生，怨声载道。曾有人把伊尹推举给夏桀，伊尹劝谏夏桀效仿尧、舜，实行仁政，夏桀不但听不进去，还狂妄自大地说："天上有太阳，就像我有百姓一样，太阳会灭亡吗？只有太阳灭亡，我才会灭亡。"夏桀以为夏朝的统治会像太阳一样长久，更加暴虐，人们都盼望这个"太阳"陨落。当时，黄河下游的商部落正在崛起。商部落的首领商汤励精图治，任用贤才，实行仁政，使得部落实力大增。商汤认为夏桀昏庸腐败，不能治理天下，于是起兵灭夏。在伊尹的辅佐下，商汤推翻了腐败的夏朝，建立了商朝。

学海/拾贝

☆ 天行有常，不为尧存，不为桀亡。应之以治则吉，应之以乱则凶。

☆ 故明于天人之分，则可谓至人矣。

☆ 天有其时，地有其财，人有其治，夫是之谓能参。舍其所以参而愿其所参，则惑矣。

　　☆ 大天而思之，孰与物畜而制之！从天而颂之，孰与制天命而用之！望时而待之，孰与应时而使之！因物而多之，孰与骋能而化之！思物而物之，孰与理物而勿失之也！愿于物之所以生，孰与有物之所以成！故错人而思天，则失去万物之情。

正 论

名师导读

这是一篇驳论文，对世俗流行的一些错误言论进行了驳斥，故称为"正"。荀子对"主道利周""汤武篡权""尧舜不善教化""见侮不辱""人之情欲寡"等观点，进行了详细的剖析和批判，充分表现了荀子的政治主张。

【原文】

世俗之为说者曰："主道利周①。"是不然。主者，民之唱②也；上者，下之仪③也。彼将听唱而应，视仪而动。唱默则民无应也，仪隐则下无动也。不应不动，则上下无以相有也。若是，则与无上同也，不祥莫大焉。故上者，下之本也，上宣明则下治辨矣，上端诚则下愿悫矣，上公正则下易直④矣。治辨则易一，愿悫则易使，易直则易知。易一则强，易使则功，易知则明，是治之所由生也。上周密则下疑玄⑤矣，上幽险则下渐诈矣，上偏曲则下比周矣。疑玄则难一，渐诈则难使，比周则难知。难一则不强，难使则不功，难知则不明，是乱之所由作也。故主道利明不利幽，利宣不利周。故主道明则下安，主道幽则下危。故下安则贵上，下危则贱上。故上易知则下亲上矣，上难知则下畏上矣。下亲上则上安，下畏上则上危。故主道莫恶乎难知，莫危乎使下畏己。

传曰："恶之者众则危。"《书》曰："克⑥明明德⑦。"《诗》曰："明明⑧在下。"故先王明之，岂特玄之耳哉？

【注释】

①周：周密，指隐蔽不露。

②唱：倡导。

③仪：立木以示人叫作仪，也叫表。此处指准则。

④易直：平易正直。

⑤玄：通"眩"，迷惑。

⑥克：能。

⑦明德：美好的德行。

⑧明明：原为皎洁明亮的意思，此指周文王、周武王的德行美好。

【译文】

　　社会上那些持某一学说的人说："君主的统治措施以周密隐蔽为有利。"这种说法不对。君主，如同民众的倡导者；帝王，如同臣下的标杆。臣民们听到倡导就应和，看到标杆就行动。倡导者沉默，那么民众就无从应和；标杆隐蔽，那么臣下就无从行动。不应和、不行动，那么君主和臣民就无法相互亲善了。像这样，那就和没有君主一样，不吉利的事没有比这更大的了。所以君主是臣民的根本，君主公开明确，那么臣民就能治理好；君主端正诚实，那么臣民就老实忠厚；君主公正无私，那么臣民就坦荡正直。治理得好就容易统一，老实忠厚就容易役使，坦荡正直就容易了解。臣民容易统一国家就会强盛，臣民容易役使君主就能建立功业，臣民容易了解君主就会明白清楚，这是安定得以产生的缘由。君主隐蔽不露，那么臣民就疑惑迷乱；君主阴暗险恶，那么臣民就虚伪欺诈；君主偏私不公正，那么臣民就紧密勾结。臣民疑惑迷乱就难以统一，虚伪欺诈就难以役使，紧密勾结就难以了解。臣民难以统一国家就不会强盛，臣民难以役使君主就不能建立功业，臣民难以了解君主就不清楚这是祸乱产生的缘由。所以君主的统治措施以明白为有利而以阴暗为不利，以公开为有利而以隐蔽为不利。因此君主的统治措施公开明确，那么臣民就安逸；君主的统治措施阴暗不明，那么臣民就危险。所以臣民安逸，就会尊重君主；臣民危险，就会鄙视君主。所以君主的措施容易被了解，那么臣民就亲近君主；君主的措施难以被了解，那么臣民就害怕君主。臣民亲近君主，那么君主就安逸；臣民害怕君主，那么君主就危险。所以君主的统治措施没有比难以被了解更坏的了，没有比使臣民害怕自己更危险的了。古书上说："憎恨他的人众多，他就危险了。"《尚书》上说："要能够彰明美好的德行。"《诗经》上说："彰明美德在天下。"所以圣王使百姓明白，哪能让他们迷惑呢！

【原文】

　　世俗之为说者曰："桀、纣有天下，汤、武篡而夺之。"是不然。以桀、纣为常①有天下之籍则然，亲有天下之籍则不②然，天下谓在桀、纣则不然。古者天子千官，诸侯百官。以③是千官也，令行于诸夏之国，谓之王；以是百官也，令行于境内，国虽不安，不至于废易遂亡，谓之君。圣王之子也，有天下之后也，势籍④之所在也，天下之宗室也，然而不材不中，内则百姓疾之，外则诸侯叛之，近者境内不一，遥者诸侯不听，令不行于境内，甚者诸侯侵削之，攻伐之，若是，则虽未亡，吾谓之无天下矣。圣王没，有势籍者罢不足以县天下，天下无君，诸侯有能德明威积，海内之民莫不愿得以为君师。然而暴国独侈，安能诛之，必不伤害无罪之民，诛暴国之君若诛独夫。若是，则可谓能用天下矣。能用天下之谓王。汤、武非取天下也，修其道，行其义，兴天下之同利，除天下之同害，而天下归之也。桀、纣非去天下也，反禹、汤之德，乱礼义之分，禽兽之行，积其凶，全其恶，而天下去之也。天下归之之谓王，天下去之之谓亡。故桀、纣无天下而汤、武不弑君，由此效之也。汤、武者，民之父母也；桀、纣者，民之怨贼也。今世俗之为说者，以桀、纣为君而以汤、武为弑，然则是诛民之父母而师民之怨贼也，不祥莫大焉。以天下之合为君，则天下未尝合于桀、纣也。然则以汤、武为弑，则天下未尝有说也，直堕⑤之耳。故天子唯其人。天下者，至重也，非至强莫之能任；至大也，非至辨莫之能分；至众也，非至明莫之能和。此三至者，非圣人莫之能尽，故非圣人莫之能王。圣人备道全美者也，是县天下之权称⑥也。桀、纣者，其知虑至险也，其至意至暗也，其行之为至乱也；亲者疏之，贤者贱之，生民怨之，禹、汤之后也，而不得一人之与；刳比干，囚箕子，身死国亡，为天下之大僇，后世之言恶者必稽焉，是不容⑦妻子之数⑧也。故至贤畴四海⑨，汤、武是也；至罢不容妻子，桀、纣是也。今世俗之为说者，以桀、纣为有天下而臣汤、武，岂不过甚矣哉！譬之，是犹伛⑩巫、跛匡⑪大自以为有知也。故可以有夺人国，不可以有夺人天下；可以有窃国，不可以有窃天下也。可以夺之者可以有国，而不可以有天下；窃可以得国，而不可以得天下。是何也？曰：国，小具也，可以小人有也，可以小道得也，可以小力持也；天下者，大具也，不可以小人有也，不可以小道得也，不可以小力持也。国者，小人可以有之，然而未必不亡也；天下者，至大也，非圣人莫之能有也。

【注释】

①常：通"尝"，曾经。

②不：当为衍文。

③以：任用。

④势籍：势位。

⑤堕：污蔑，毁谤。

⑥权称：这里指标准。

⑦容：包容，指庇护、保住。

⑧数：道理。

⑨畴四海：以四海为疆域，即拥有天下。畴，保。

⑩伛（yǔ）：驼背。

⑪跛匡（wāng）：此指从事迷信活动的瘸了腿的人。

【译文】

社会上那些持某一学说的人说："夏桀、商纣王拥有天下，商汤、周武王篡夺了。"这种说法不对。认为夏桀、商纣王曾经有过统治天下的势力是对的，认为他们亲自占有过统治天下的势位是对的，以为天下都掌握在夏桀、商纣王手中则是不对的。古代天子有上千个官吏，诸侯有上百个官吏。依靠这上千个官吏，政令能推行到中原各诸侯国，就可称为统治天下的帝王；依靠这上百个官吏，政令能推行到国境之内，国家即使不安定，还不至于被废黜而灭亡，就可称为诸侯国的国君。圣明帝王的子孙，是拥有天下的帝王的后代，是权势的占有者，是天下人所尊崇的宗主，但是如果没有才能又不公正，内则百姓怨恨他，外则诸侯背叛他，近处是境内不统一，远处是诸侯不听从，政令不能在境内实行，甚至诸侯侵略分割他，攻打讨伐他，像这样，那么他即使还没有灭亡，我也要说他已经失去天下了。圣明的帝王死了，那些拥有权势的后代软弱无能不足以掌握天下，天下等于没有了君主，诸侯中如果有德行显明、威信崇高的人，那么天下的人民就无不愿意得到他让他做自己的君主。然而暴君统治的国家偏偏奢侈放纵，于是只有他能杀掉暴君，又一定不会伤害没有罪过的民众，杀掉暴虐之国的君主就像杀掉一个孤独无依的人一样。像这样，就可以说是能够统治天下人民了。能够统治天下人民的就叫作帝王。商汤、周武王并不是夺取天下，而是遵行正确的政治原则，奉行合宜的道义，兴办天下人的共同福利，除去天下人的共同祸害，因而天下人归顺他们。夏桀、商纣王并不是丢了天下，而是违背了夏禹、商汤的德行，扰乱了礼义的名分，干出了禽兽般的行为，不断行凶，无恶不作，因而天下人抛弃了他们。天下人归顺他就叫作称王，天下人抛弃他就叫作灭亡。所以夏桀、商纣王并没有拥有天下，而商汤、周武王并没有杀掉君主，从这个角度就能证明。商汤、周武王是人民的父母，夏桀、商纣王是人民的仇敌。现在社会上那些持某种学说的人，把夏桀、商纣王当作君主，而认为商汤、周武王是弑君，那就是在诛杀人民的父母，而把人民的仇敌当作君主，没有比这更不吉利的事了。如果认为天下归附的人才是君主，那么天下人从来没有归附过夏桀、商纣王。那么认为商汤、周武王是弑君，就是天下人从来没有过的说法了，这只不过是在毁谤他们罢了。所以天子一定要由理想的人选来担任。治理天下的任务是极其繁重的，不是最强劲有力的人是不能够担负它的；范围是极其广大的，不是最明辨的人是不能够分辨它的；人民是极其众多的，不是最英明的人是不能够协调他们的。这三个最，不是圣人没有谁能全面透彻地加以领悟，所以不是圣人就没有谁能称王天下。圣人是道德完备、十全十美的人，他就像衡量天下的一杆秤。夏桀、商纣王，他们的谋虑极其险恶，他们的思想极其阴暗，他们的行为极其混乱；亲近的人疏远他们，贤能的人鄙视他们，人民怨恨他们，他们虽然是夏禹、商汤的后代，却得不到一个人的帮助；商纣王将比干剖腹挖心，囚禁箕子，结果自身被杀、国家灭亡，成为天下最可耻的人，后世说到坏人就一定要拿他们做例证，这就是他们不能保住妻子儿女的道理。所以极有德才的人能享有天下，商汤、周武王就是这种人；极无德才的人不能庇护妻子儿女，夏桀、商纣王就是这种人。现在社会上那些持某种学说的人，认为夏桀、商纣王拥有了天下而把商汤、周武王当作他们的臣子，难道不是错得很厉害了吗！打个比方说，这就好像是驼背的巫婆、从事迷信的瘸了腿的人狂妄地自以为神异一样。所以可以有夺取别人国家的事，却不可能有夺取别人天下的事；可以有窃取国家政权的事，却不可能有窃取天下统治权的事。夺取政权的人可能拥有一个国家，却不可能拥有整个天下；窃取政权可以得到一个国家，却不可能得到整个天下。这是为什么呢？回答说：国家是个小器具，可以让德才低劣的小人占有，可以依靠歪门邪道来取得，可以凭借较小的力量来维持；天下是个大器具，不可能让德才低劣的小人占有，不可能依靠歪门邪道来取得，不可能凭借较小的力量来维护。国家，小人可以拥有它，但是未必不会灭亡；天下，是极其庞大的，不是圣人没有谁能占有它。

【原文】

世俗之为说者曰："尧、舜不能教化，是何也？曰：朱①、象②不化。"是不然也。尧、舜，至天下之善教化者也，南面而听天下，生民之属莫不振动从服以化顺之；然而朱、象独不化，是非尧、舜之过，朱、象之罪也。尧、舜者，天下之英也；朱、象者，天下之嵬，一时之琐也。今世俗之为说者不怪朱、象，而非尧、舜，岂不过甚矣哉！夫是之谓嵬说。羿、蠭门③者，天下之善射者也，不能以拨④弓、曲矢中；王梁、造父者，天下之善驭者也，不能以辟⑤马、毁舆致远；尧、舜者，天下之善教化者也，不能使嵬琐化。何世而无嵬，何时而无琐，自太皞⑥、燧人⑦莫不有也。故作者不祥，学者受其殃，非者有庆。《诗》曰："下民之孽，匪降自天；噂⑧沓⑨背憎，职⑩竞⑪由人。"此之谓也。

【注释】

①朱：尧的儿子，封于丹，故又称"丹朱"。传说他品德不好，所以尧不传位给他而禅让给舜。

②象：舜的异母弟弟，传说他曾多次谋杀舜。

③鳎门：即逢蒙，传说中后羿的弟子。

④拨：通"弊（biè）"，弓乖张不正。

⑤辟：通"躄（bì）"，瘸腿。

⑥太皞（hào）：传说是远古东夷族的首领，风姓，居于陈。一说即伏羲氏（传说中人类的始祖）。

⑦燧人：我国古代传说中的人物，传说他发明了人工取火，使人民能够吃熟食，于是人民推举他为王，号燧人氏。

⑧噂（zǔn）：聚在一起谈论。

⑨沓：形容话多。

⑩职：主要。

⑪竞：争逐。

【译文】

社会上那些持某种学说的人说："尧、舜不能教化人，这是为什么呢？他们说：因为丹朱、象都没有被感化。"这种说法不对。尧、舜，是普天下最善于进行教育感化的人，他们朝南坐着治理天下，所有的民众无不惊恐听从归服以至于被感化而依顺他们；然而唯独丹朱、象不能被感化，这不是尧、舜的过错，而是丹朱、象的罪过。尧、舜，是天下的英杰；丹朱、象，是天下的奸诈之徒，当世的卑鄙小人。现在社会上那些持某种学说的人不责怪丹朱、象，而非议尧、舜，岂不是错得很厉害了吗！这叫作奇谈怪论。羿、逢蒙，是天下善于射箭的人，但不能用歪斜的弓、弯曲的箭去射中目标；王梁、造父，是天下善于驾驭马车的人，但不能依靠瘸腿的马和坏车子到达远方；尧、舜，是天下善于进行教育感化的人，但不能使奸诈鄙陋的人受到感化。哪个社会没有奸诈的人，哪个时代没有鄙陋的人，从太皞氏、燧人氏以来没有哪个时代没有过。所以那些持某种学说的人不怀善意，学习的人就受到了他们的毒害，非难他们的人才感到庆幸。《诗经》上说："民众的灾难与不幸，灾殃并非从天降；当面谈笑背后恨，主要作祟在于人。"说的就是这种情况。

【原文】

子宋子曰："见侮不辱。"应之曰：凡议，必将立隆正然后可也。无隆正，则是非不分而辨讼不决。故所闻曰："天下之大隆，是非之封界，分职①名象②之所起，王制是也。"故凡言议期命③，是非以圣王为师，而圣王之分，荣辱是也。是有两端矣：有义荣者，有势荣者；有义辱者，有势辱者。志意修，德行厚，知虑明，是荣之由中出者也，夫是之谓义荣。爵列尊，贡禄厚，形势胜，上为天子诸侯，下为卿相士大夫，是荣之从外至者也，夫是之谓势荣。流淫污僈，犯分乱理，骄暴贪利，是辱之由中出者也，夫是之谓义辱。詈④侮捽⑤搏，捶笞⑥膑脚⑦，斩断枯磔⑧，藉⑨靡⑩舌绁⑪，是辱之由外至者也，夫是之谓势辱。是荣辱之两端也。故君子可以有势辱，而不可以有义辱；小人可以有势荣，而不可以有义荣。有势辱无害为尧，有势荣无害为桀。义荣、势荣，唯君子然后兼有之；义辱、势辱，唯小人然后兼有之。是荣辱之分也。圣王以为法，士大夫以为道，官人以为守，百姓以为成俗，万世不能易也。

今子宋子案不然，独诎容为己，虑一朝而改之，说必不行矣。譬之，是犹以塛⑫涂⑬塞江海也，以焦侥而戴⑭太山也，蹎⑮跌碎折不待顷矣。二三子之善于子宋子者，殆不若止之，将恐得伤其体也。

【注释】

①分职：等级官职。

②名象：名物制度。

③命：指确定事物的名称。

④詈（lì）：骂。

⑤捽（zuó）：揪住。

⑥捶笞：鞭打。

⑦膑（bìn）脚：剔掉膝盖骨的酷刑。膑，膝盖骨。

⑧枯磔（zhé）：通"辜磔"，古代一种酷刑，即车裂后弃市。

⑨藉：绳，缚，系。

⑩靡：通"縻"，绳，缚。

⑪舌绻（jǔ）：疑作"后缚"，从后面捆缚。

⑫圬："抟（tuán）"之俗字，揉捏成团。

⑬涂：泥。

⑭戴：用头顶。一说用背驮。

⑮蹎："颠"的本字，跌倒。

【译文】

宋钘先生说："被侮辱并不是耻辱。"回答说：凡是议论，一定要树立一个最高的准则才行。没有一个最高准则，那么是非就不能区分而争辩也无法解决。我过去听人说："天下最高的准则，判断是非的界线，确定名分、职位和名物制度的依据，就是古代圣王的制度。"所以凡是发言立论或约定事物的名称，它们的是非标准都要以圣王作为榜样，而圣王的道德原则，是光荣和耻辱。它们各有两个方面：有道义方面的光荣，有势位方面的光荣；有道义方面的耻辱，有势位方面的耻辱。志向美好，德行淳厚，智虑精明，这是从内心产生出来的光荣，这叫作道义方面的光荣。爵位尊贵，贡品俸禄丰厚，权势地位优越，高一点儿的做了天子诸侯，低一点儿的做了卿相士大夫，这是从外部得到的光荣，这叫作势位方面的光荣。行为放荡丑恶，违反道义、扰乱伦理，骄横凶暴、唯利是图，这是从内心产生出来的耻辱，这叫作道义方面的耻辱。受人责骂侮辱、被揪住头发痛打，受杖刑鞭打、受膑刑被剔去膝盖骨，被砍头断手、五马分尸并弃市，被五花大绑，这是从外部得到的耻辱，这叫作势位方面的耻辱。这些就是光荣和耻辱的两个方面。所以君子可能有势位方面的耻辱，而不可能有道义方面的耻辱；小人可能有势位方面的光荣，却不可能有道义方面的光荣。有势位方面的耻辱不妨碍他成为尧，有势位方面的光荣不妨碍他成为桀。道义方面的光荣、势位方面的光荣，只有君子才能同时拥有它们；道义方面的耻辱、势位方面的耻辱，只有小人才会兼而有之。这就是光荣和耻辱的分别。圣王把它当作法度，士大夫把它当作原则，一般官吏把它当作守则，老百姓根据它形成习俗，这是千秋万代也不会改变的。

现在宋先生却不是这样，他独自委曲容忍，期待有朝一日改变历来的道德原则，他的学说一定行不通。拿它打个比方，这就好像用捏成团的泥巴去填塞江海，让矮人去背泰山一样，跌倒在地而粉身碎骨也就用不着等待片刻了。诸位中与宋先生相好的，还不如去制止他，否则将来恐怕会伤害他自己的身体。

【原文】

子宋子曰："人之情，欲寡，而皆以己之情为欲多，是过也。"故率其群徒，辨^①其谈说，明其譬称，将使人知情欲之寡也。应之曰："然则亦以人之情为欲，目不欲綦色，耳不欲綦声，口不欲綦味，鼻不欲綦臭，形不欲綦佚。此五綦者，亦以人之情为不欲乎？"曰："人之情欲是已。"曰："若是，则说必不行矣。以人之情为欲此五綦者而不欲多，譬之是犹以人之情为欲富贵而不欲货也，好美而恶西施也。古之人为之不然。以人之情为欲多而不欲寡，故赏以富厚^②而罚以杀^③损也，是百王之所同也。故上贤禄天下，次贤禄一国，下贤禄田邑，愿悫之民完衣食。今子宋子以是之情为欲寡而不欲多也，然则先王以人之所不欲者赏，而以人之所欲者罚邪？乱莫大焉。今子宋子严然^④而好说，聚人徒，立师学，成文曲^⑤，然而说不免于以至治为至乱也，岂不过甚矣哉！"

【注释】

①辨：通"辩"。
②厚：财富。
③杀（shài）：减少。
④严然：同"俨然"，庄重的样子。
⑤曲：当为"典"字。

【译文】

　　宋钘先生说："人的本性，要的很少，但现在的人却都认为自己的本性是想要很多，这是错误的。"所以他率领他的弟子们，辩论他的学说，把他的比喻称谓说得清楚明白，想要使人们懂得人的本性是要求很少的。回复说："这样的话，那么先生也认为人的本性是眼睛不想看最美丽的颜色，耳朵不想听最悦耳的音乐，嘴巴不想吃最好的美味佳肴，鼻子不想闻最香的气味，身体不想追求最大的安逸。这五种极好的享受，先生也认为人们的本性是不想要的吗？"他说："人的本性是想要这些享受的。"回复说："如果这样，那么先生的说法就一定行不通了。认为人的本性是想要这五种极好的享受而又并不想要很多，拿它打个比方，这就好像认为人的本性是想富贵但又不要钱财，是喜爱美色但又讨厌西施一样。古代的人做事就不是这样。他们认为人的本性是想要多而不希望少，所以用丰厚的财富来奖赏，用减少财富来处罚，这是各代帝王所相同的。所以上等的贤才以天下的税收作为俸禄，次一等的贤才以一国的税收作为俸禄，下等的贤才以封地内的税收作为俸禄，忠厚老实的百姓能保住穿的、吃的。如今宋先生认为古代这些人的本性也是想要少的而不想要多的，那么古代的圣王是用人们所不想要的东西来奖赏，而用人们想要的东西来处罚吗？混乱没有比这更大的了。现在宋先生一本正经地珍爱自己的学说，聚集门徒，创立学派，著书立说，但是他的学说不免把治理得最好的情况看成最混乱的情况，岂不是错得很厉害了吗！"

名师点评

荀子认为有一些谬论在社会上流传，所以在本篇中把它们逐条列出，然后以公正的议论来批驳并纠正它们。这种驳论式的文章体现了当时百家争鸣的学术气氛。此外，文章逻辑严密，内容丰富，论述透彻，某些内容与《非十二子》《王制》《解蔽》等篇章相联系，有助于我们更深刻地理解荀子的思想。

延伸/阅读

相传，尧帝有十个儿子，其中丹朱最大。作为长子，丹朱顺理成章地被尧帝立为了储君。但是，丹朱很不成器，整天不务正业，游手好闲，而且脾气十分暴躁。尧帝设法打磨丹朱的性情，希望他能改掉身上的缺点，可是丹朱依旧我行我素。尧帝年老的时候，认为丹朱没有治国的才能和仁德，不能担负天下大任，就把帝位传给了舜。他担心丹朱心里不服，从中捣乱，就下诏把丹朱放逐到了南方。当时有一个叫三苗的部族，和丹朱关系很好，听说丹朱被废黜的消息后，十分不满，就和丹朱联合起来造反。尧帝听说后，亲自挂帅，领兵讨伐丹朱，最后击败了叛军。丹朱自感羞惭，跳海自杀而死，死后化作了一只鸟，人们称为"丹朱鸟"。

学海 / 拾贝

☆ 主者，民之唱也；上者，下之仪也。彼将听唱而应，视仪而动。

☆ 易一则强，易使则功，易知则明，是治之所由生也。

☆ 天下归之之谓王，天下去之之谓亡。

☆ 天下者，至重也，非至强莫之能任；至大也，非至辨莫之能分；至众也，非至明莫之能和。

☆ 凡议，必将立隆正然后可也。无隆正，则是非不分而辨讼不决。

礼 论

名师导读

　　本篇对礼的起源、内容、作用等方面进行了论述。荀子认为，人生来就有欲望，为了满足欲望会互相争夺，发生混乱，为了避免这种局面，便制定了礼来加以约束。礼不仅可以调节人们的欲望，所谓"养人之欲"之"养"，并且可以确立社会等级制度，所以它是治国的根本，是"人道之极"，关系国家的安危存亡。

【原文】

　　礼起于何也？曰：人生而有欲，欲而不得，则不能无求；求而无度量分界，则不能不争；争则乱，乱则穷。先王恶其乱也，故制礼义以分①之，以养人之欲，给人之求，使欲必不穷于物，物必不屈②于欲，两者相持而长，是礼之所起也。

【注释】

　　①分：名分，这里作动词，表示确定名分，即划定各人的等级、地位、职分等。

　　②屈：竭尽。

【译文】

礼是在什么情况下产生的呢？回答说：人生来就有欲望，如果想要什么而不能得到，就不能没有追求；如果一味追求而没有限度和界限，就肯定会发生争夺；一发生争夺就会有祸乱，一有祸乱就会陷入困境。古代的圣王厌恶祸乱，所以制定了礼仪来确定人们的名分，以此来调节人们的欲望，满足人们的要求，使人们的欲望绝不会由于物资的缺乏而得不到满足，物资绝不会因为人们的欲望而枯竭，使物资和欲望两者在互相制约中增长，这就是礼的起源。

【原文】

故礼者，养也。刍豢稻粱，五味调香①，所以养口也；椒②兰③芬苾④，所以养鼻也；雕琢、刻镂，黼黻、文章，所以养目也；钟鼓、管磬，琴瑟、竽笙，所以养耳也；疏⑤房、檖⑥貌⑦、越席、床笫⑧、几筵⑨，所以养体也。故礼者，养也。

【注释】

①调香：调味。

②椒：香木名，其叶芳香，古人做茶茗时常煮其叶以为香。

③兰：香草名。

④芬苾（bì）：芳香。

⑤疏：通，指敞亮。

⑥檖（suì）：通"邃"，深远。

⑦貌：古"貌"字，指宫室。

⑧笫（zǐ）：竹编的床席。

⑨几筵：古人席地而坐，放在座位边上供倚靠的小桌子叫"几"，竹制的垫席叫"筵"。

【译文】

　　所以礼这种东西，是调节人们欲望的。牛、羊、猪、狗等肉食和稻米、谷子等细粮，五种味道的调料，是用来调养嘴巴的；椒树、兰草气息芬芳，是用来调养鼻子的；在器具上雕图案，在礼服上绘彩色花纹，是用来调养眼睛的；钟鼓、管磬、琴瑟、竽笙等乐器，是用来调养耳朵的；宽敞的房间、深邃的宫室、柔软的蒲席、舒适的床铺、矮桌与垫席，是用来调养躯体的。所以礼这种东西，是调节人们的欲望的。

【原文】

　　礼有三本①：天地者，生之本也；先祖者，类之本也；君师者，治之本也。无天地恶生？无先祖恶出？无君师恶治？三者偏亡焉②，无安人。故礼上事天，下事地，尊先祖而隆君师，是礼之三本也。

【注释】

　　①本：根本，基础。
　　②焉：则。

【译文】

　　礼有三个根本：天地，是生命的根本；祖先，是种族的根本；君主，是政治的根本。没有天地怎么会有生命？没有祖先种族从哪里产生？没有君主怎么能使天下太平？这三样即使缺失一个方面，人们也不会有安宁。所以礼上事奉天，下事奉地，尊重祖先而推崇君主，这是礼的三个根本。

【原文】

　　凡礼，始乎棁①，成乎文②，终乎悦校③。故至备，情④文俱尽；其次，情文代⑤胜；其下，复情以归大一也。天地以合，日月以明，四时以序，星辰以行，江河以流，万物以昌，好恶以节，喜怒以当，以为下则顺，以为上则明，万物变而不乱，贰⑥之则丧也。礼岂不至矣哉！立隆以为极，而天下莫之能损益也。本末相顺，终始相应，至文以有别，至察以有说。天下从之者治，不从者乱；从之者安，不从者危；从之者存，不从者亡。小人不能测也。

【注释】

①挩（tuō）：通"脱"，疏略。

②文：指礼节仪式。

③校：通"恔（xiào）"，快意，愉悦。

④情：感情，指礼仪所要表达的感情，如丧礼所要表达的哀，祭礼所要表达的敬等。

⑤代：交替，轮流。

⑥贰：不专一，背叛。

【译文】

大凡礼，总是从疏略开始，逐渐到形成礼仪，最后又达到使人称心如意的程度。所以最完备的礼，所要表达的感情和礼仪都发挥得淋漓尽致；比它次一等的，是所要表达的感情和礼仪互有胜负；那最下等的，就是使感情回到远古的质朴。天地因为礼的作用而风调雨顺，日月因为礼的作用而光辉明亮，四季因为礼的作用而井然有序，星辰因为礼的作用而正常运行，江河因为礼的作用而奔流入海，万物因为礼的作用而繁荣昌盛，爱憎因为礼的作用而有所节制，喜怒因为礼的作用而恰如其分，用礼来治理臣民就可使臣民服从依顺，用礼来约束君主就可使君主通达英明，万事万物千变万化而不混乱，如果背离了礼就会丧失一切。礼难道不是至高无上的吗！圣人确立了发展到高度成熟的礼制而把它作为最高的准则，因而天下没有谁能再增减改变它。这种礼制的根本原则和具体细节之间互不抵触，人生终结的仪式与人生开始的仪式互相照应，极其完美而有明确的等级区别，极其明察而有详尽的理论说明。天下遵循礼的国家治理得好，不遵循礼的国家就混乱；遵循礼的国家安定，不遵循礼的国家危险；遵循礼的国家存在，不遵循礼的国家灭亡。礼的这些作用小人是不能理解的。

【原文】

礼之理诚深矣，"坚白""同异"之察入焉而溺①；其理诚大矣，擅作典制辟②陋之说入焉而丧；其理诚高矣，暴慢、恣睢、轻俗以为高之属入焉而队。故绳墨诚陈③矣，则不可欺以曲直；衡诚县矣，则不可欺以轻重；规矩诚设矣，则不可欺以方圆；君子审于礼，则不可欺以诈伪。故绳者，直之至；衡者，平之至；规矩者，方圆之至；礼者，人道之极也。然而不法礼，不足④礼，谓之无方⑤之民；法礼足礼，谓之有方之士。礼之中焉能思索，谓之能虑；礼之中焉能勿易，谓之能固。能虑能固，加好者焉，斯圣人矣。故天者，高之极也；地者，下之极也；无穷者，广之极也；圣人者，道之极也。故学者固学为圣人也，非特学为无方之民也。

【注释】

①坚白、同异：古代名家的辩论话题。

②辟：通"僻"，邪僻。

③陈：陈列。

④足：重视。

⑤无方：无道，没有原则，没有固定的法度。方，道。

【译文】

礼的道理真深啊，那些"坚白""同异"等所谓明察的诡辩一进入礼的道理之中就被淹没了；礼的道理真广大啊，那些擅自编造典章制度、邪僻浅陋的学说一进入礼的道理之中就消亡了；礼的道理真高明啊，那些把粗暴傲慢、恣肆放荡、轻视习俗当作高尚的人一进入礼的道理之中就垮掉了。所以木工的墨线真正摆在了面前，就不可能再用曲直来搞欺骗；秤真正挂起来了，就不可能再用轻重来搞欺骗；圆规曲尺真正放在了面前，就不可能再用方圆来搞欺骗；君子对礼了解得清楚明白，就不可能再用诡诈来欺骗他。所以墨线这种东西，是直的极点；秤这种东西，是平的极点；圆规曲尺这种东西，是方与圆的极点；礼这种东西，是社会道德规范的极点。既然不遵循礼，不重视礼，就叫作没有原则的人；遵循礼，重视礼，就叫作有原则的贤士。在礼的范围内思考探索，叫作善于谋虑；在礼的范围内不改变，叫作能够坚定。善于谋虑，能够坚定，再加上爱好礼，就是圣人了。天，是高的极点；地，是低的极点；没有尽头，是广阔的极点；圣人，是道德的极点。所以学习的人本来就该学做圣人，不是只学做个没有原则的人。

【原文】

礼者，谨于治生死者也。生，人之始也；死，人之终也。终始俱善，人道毕矣。故君子敬始而慎终。终始如一，是君子之道，礼义之文也。夫厚其生而薄其死，是敬其有知而慢其无知也，是奸人之道而倍①叛之心也。君子以倍叛之心接臧②谷③，犹且羞之，而况以事其所隆亲乎！故死之为道也，一而不可得再复也，臣之所以致重其君，子之所以致重其亲，于是尽矣。故事生不忠厚、不敬文谓之野，送死不忠厚、不敬文谓之瘠。君子贱野而羞瘠，故天子棺椁④十⑤重，诸侯五重，大夫三重，士再重，然后皆有衣衾多少厚薄之数，皆有翣菨⑥文章之等以敬饰之，使生死终始若一，一足以为人愿，是先王之道，忠臣孝子之极也。天子之丧动四海，属⑦诸侯；诸侯之丧动通国，属大夫；大夫之丧动一国，属修士；修士之丧动一乡，属朋友；庶人之丧合族党，动州里⑧。刑余罪人之丧不得合族党，独属妻子，棺椁三寸，衣衾三领，不得饰棺，不得昼行，以昏殣⑨，凡缘⑩而往埋之，反无哭泣之节，无衰⑪麻之服，无亲疏月数之等，各反其平，各复其始，已葬埋，若无丧者而止，夫是之谓至辱。

【注释】

①倍：通"背"。

②臧：仆人。

③谷：儿童。

④棺椁（guǒ）：古代的棺材有多层，最里面的一口叫"棺"，套在"棺"外的大棺材叫"椁"。

⑤十：当作"七"。

⑥翣菨：当作"翣菨"。古代棺材上的一种装饰物。

⑦属：聚集，会合。

⑧州里：乡里。

⑨殣（jìn）：通"墐"，用土掩埋。

⑩凡缘：指平常的服装。缘，衣服的边饰。

⑪衰（cuī）：通"缞"，古代的丧服之一，是一种披在胸前的麻布条，宽四寸，长六寸。

【译文】

礼，是用来严谨地处理生与死的。生，是人生的开始；死，是人生的终结。终结和开始都处理得好，那么为人之道也就完备了。所以君子严肃地对待人生的开始而慎重地对待人生的终结。对待终结与开始一样，这是君子的原则，是礼义的体现。看重人活着的时候而看轻人的死亡，这是敬重活人有知觉而怠慢死人没有知觉，这是邪恶之人的原则，是一种背叛别人的思想。君子拿背叛别人的思想去对待奴仆、儿童，尚且感到羞耻，更何况是用这种心肠来对待自己所尊重的君主和亲爱的父母呢！所以死亡这件事，每个人只死一次而不可能再重复一次，所以臣子要表达对君主的敬重，子女要表达对父母的敬重，在对待他们的死上体现得最充分了。所以侍奉生者不忠诚笃厚、不恭敬有礼，就称为粗野；葬送死者不忠诚笃厚、不恭敬有礼，就称为轻薄。君子鄙视粗野而把薄待看作羞耻，所以天子的棺材有七层，诸侯五层，大夫三层，士两层，其次他们又都有衣服和被子方面或多或少、或厚或薄的数目规定，都有棺材遮蔽物及其花纹图案的等级差别，并用这些来恭敬地装饰死者，使他们在生前与死后、结束一生时与开始一生时都一样，完全满足人们的愿望，这是古代圣王的原则，也是忠臣孝子的最高准则。天子的丧事惊动整个天下，聚集诸侯来送葬；诸侯的丧事惊动有友好交往的国家，聚集大夫来送葬；大夫的丧事惊动一国，聚集上士来送葬；上士的丧事惊动一乡，聚集朋友来送葬；百姓的丧事，集合同族亲属来送葬，惊动州里。受过刑罚的罪犯的丧事，不准聚集同族亲属来送葬，只能让妻子儿女来送葬，棺材三寸厚，衣服和被子三套，不准装饰棺材，不准白日送葬，只能在黄昏埋葬，而且妻子儿女只能穿着平常的服装去埋掉他，回来后没有哭泣的礼节，不能披麻戴孝，没有因为亲疏关系而形成的服丧日期的等级差别，各人都回到自己平常的状态，各人都恢复到自己当初的样子，已经把他埋葬之后，就像没有死过人一样而什么也不做，这叫作最大的耻辱。

【原文】

　　丧礼之凡①：变②而饰③，动④而远，久而平。故死之为⑤道也，不饰则恶，恶则不哀，尔则玩⑥，玩则厌，厌则忘，忘则不敬。一朝而丧其严亲，而所以送葬之者不哀不敬，则嫌⑦于禽兽矣，君子耻之。故变而饰，所以灭恶也；动而远，所以遂敬也；久而平，所以优⑧生也。

【注释】

　　①凡：平常，指通常的原则。

　　②变：指死。

　　③饰：装饰，指饭唅（把珠、玉、米等塞在死人口中）、小殓（给死人穿寿衣）、大殓（入棺）等丧葬规矩。

　　④动：指举行丧礼中的各种仪式。

　　⑤为：犹"有"。

　　⑥玩：轻忽，不经心。

　　⑦嫌：近。

　　⑧优：调节，协调。

【译文】

　　丧礼的一般原则是：人死后要装饰，举行丧礼仪式要使死者逐步远去，时间长了便恢复到平常的状态。所以料理死亡的做法是，对死者不装饰就丑恶难看，丑恶难看人们就不会哀痛了，离死者近了，人们就会漫不经心，漫不经心就会厌弃，厌弃了就会怠慢，怠慢了就会不恭敬。有朝一日自己尊敬的父母死了，但为他们送葬时却不哀痛、不恭敬，那就近于禽兽了，君子以此为耻。因此人死后进行装饰，是用来消除丑恶难看的；

举行丧礼仪式时使死者远去，是用来表达恭敬的；时间长了就恢复到平常状态，是用来调养生者的。

【原文】

三年之丧何也？曰：称情①而立文②，因以饰群，别亲疏、贵贱之节，而不可益损也。故曰：无适不易之术也。创巨者其日久，痛甚者其愈迟，三年之丧，称情而立文，所以为至痛极③也。齐衰、苴杖④、居庐、食粥、席薪、枕块，所以为至痛饰也。三年之丧，二十五月而毕，哀痛未尽，思慕未忘，然而礼以是断之者，岂不以送死有已，复生有节也哉？凡生乎天地之间者，有血气之属必有知，有知之属莫不爱其类。今夫大鸟兽则失亡其群匹，越月逾时则必反⑤铅⑥；过故乡，则必徘徊焉，鸣号焉，踯躅焉，踟蹰焉，然后能去之也。小者是燕爵⑦，犹有啁噍⑧之顷焉，然后能去之。故有血气之属莫知于人，故人之于其亲也，至死无穷。将由夫愚陋淫邪之人与？则彼朝死而夕忘之，然而纵之，则是曾鸟兽之不若也，彼安能相与群居而无乱乎？将由夫修饰之君子与？则三年之丧，二十五月而毕，若驷之过隙，然而遂之，则是无穷也。故先王圣人安为之立中制节，一使足以成文理，则舍之矣。

【注释】

①称情：根据哀情的轻重。

②立文：制定丧礼的各项制度。

③极：极限，最高限度。

④苴（jū）杖：用粗劣的竹子做成的手杖，供哭丧时用。苴，通"粗"。

⑤反：通"返"。

⑥铅（yán）：同"沿"。顺流而下叫"沿"，此指随大流、合群。

⑦爵：雀。

⑧啁（zhōu）嗾（jiū）：同"啁啾"，象声词，形容细碎杂乱的鸟鸣声。

【译文】

三年的服丧是为了什么呢？回答说：这是根据人的感情来确立礼仪制度，借以文饰人群，区别亲近的人与疏远的人、高贵者与卑贱者之间的不同礼节，不能做增减。所以说：这是无论到什么地方也不可改变的措施。创伤大的愈合时间就长，悲痛厉害的痊愈就慢，三年的服丧，是根据人的感情来确立的礼仪制度，是用来给极其悲痛的感情所确立的最高期限。穿着丧服、撑着孝棍、住在简陋的房屋中、吃稀粥、把柴草当作垫席、把土块当作枕头，是极其悲痛的表现。三年的服丧，二十五个月就完毕了，但哀痛之情并没有了结，思念并没有忘怀，然而礼制却规定在这个时候终止服丧，这难道不是因为送别死者要有个终结，恢复正常的生活要有个期限吗？凡是生活在天地之间的，有血气的种属一定有智力，而有智力的种属没有不爱自己同类的。现在那些大的飞禽走兽如果失去了它们的群体或配偶，那么过了一个月或超过了一定的时间就一定会返回；经过原来住的地方，就一定会在那里徘徊，在那里啼鸣吼叫，在那里驻足踏步，在那里来回走动，然后才会离开。小的燕子和麻雀之类，也还要在那里叽叽喳喳叫一会儿，然后才离开。所以有血气的种属没有比人更聪明的了，所以人对于自己父母的感情，到死也没有穷尽。要依从那些愚蠢浅陋、放荡邪恶的人吗？那么他们的父母早晨死了到晚上就忘了，像这种情况如果还放任他们，那么他们就连鸟兽也不如了，他们又怎么能相互群居而不发生动乱呢？要依从那些注重道德修养的君子吗？那么三年的服丧，二十五个月就完毕了，他们会觉得时间快得就像四匹马驾车经过一个缝隙一样，像这种情况如果还是成全他们，那么他们就会无限期地服丧。所以先王圣人就给人们确立了适中的标准而制定了服丧三年的礼节，一律使人们能够完成礼仪，然后就除去丧服。

【原文】

三月之殡何也？曰：大之也，重之也。所致隆也，所致亲也，将举措之，迁徙之，离宫室而归丘陵①也，先王恐其不文也，是以繇②其期，足之日也。故天子七月，诸侯五月，大夫三月，皆使其须③足以容④事，事足以容成，成足以容文，文足以容备，曲容备物之谓道矣。

【注释】

①丘陵：小土山叫丘，大土山叫陵，此指坟墓。古代帝王、诸侯之墓，或称丘，如今苏州的虎丘（吴王阖闾之墓）；或称陵，如今绍兴的禹陵。

②繇：通"遥"。

③须：等待，停留。

④容：容纳，容许，确保。

【译文】

三个月的停枢是为什么呢？回答说：这是要扩大丧礼的规模，加重丧礼的分量。对自己极尊重的人，极亲近的人，将要安葬他，迁移他，使他离开宫室而埋葬到陵墓中去，古代的圣王怕这些事情不合乎礼仪，因此延长停枢的日期，使办丧事的人有足够的时间。所以天子停枢七个月，诸侯停枢五个月，大夫停枢三个月，这都是为了使时间足够用来操办各种事情，这些事情足够用来保证丧事的成功，这样的成功足够用来保证礼仪的实施，礼仪的实施足够用来保证丧葬物品的完备，各个方面都周到、各种事物都完备就可以叫正确的丧礼原则了。

点名师评

　　本文是《荀子》中专门论述礼的文章，集中体现了荀子的礼学观念。文章开篇以"性恶论"为理论基础展开分析，指出礼根源于人性之恶，接着论述礼的功能和价值。文中继承曾子"慎终追远"的思想，对丧礼进行了详细阐述，讨论服制与丧期两个方面，表现了儒家对生死问题的重视，以及要达到"情文俱尽"的思想，这也是荀子"中道"原则的运用。其中关于礼的功能的描述，对后世影响深远，成为人们修身养性、约束自身行为、处理人际关系的重要规范。

延伸/阅读

　　汉高祖刘邦当上皇帝以后，废除了秦朝所有严苛的法令。然而，让他想不到的是，他的大臣们大多是平民出身，无视礼节，不懂规矩，饮酒争功，酒足饭饱后，还往往拔剑乱舞，在大殿的柱子上留下了一道道印痕，弄得刘邦心烦意乱。

　　博士叔孙通对刘邦说："儒生无法建立战功，但可以治理天下。臣愿意去鲁地征召儒生，与臣的弟子共同制定朝规礼仪。"

　　刘邦没有信心，迟疑地说："难不难，我能学会吗？"

　　叔孙通回答："礼仪的制定要根据时事和人情的变化，所以夏、商、周都有各自不同的礼仪，但都是在前朝礼仪的基础上增减而成。臣打算结合古礼和秦礼，制定一套新的礼仪。"

　　刘邦点头说："那就试试看吧，要简单易学。"

　　叔孙通马上前往鲁地征召儒生，不久他就召集了三十多位，只有两位儒生拒绝了，他们挖苦说："叔孙公侍奉的君主不下十位，赢得荣华富贵靠的是曲意奉承。如今天下初定，死者尚未安葬，伤者还没有痊愈，又要制定什么朝规礼仪！要知道，礼乐需要积百年的德行才能兴盛，叔孙公的行为不合古道，我们是不会干的。叔孙公走吧，不要玷污我们。"

叔孙通并没有生气，他笑了笑，说："都是些粗陋的儒生，不懂得时事的变化。"

他领着儒生们返回长安后，又带上刘邦身边的学者和他自己的一百多位弟子，找到一块野外空地，拉起长绳，扎结茅草表示尊卑位次，十分认真地排练。

一个月后，叔孙通拜见刘邦说："请主上亲往观看。"刘邦目睹整个礼仪后，满意地说："我能做到。"随后，他命令群臣也马上学习。

西汉高帝七年，长乐宫建成，各地诸侯前来朝拜。天刚蒙蒙亮，宫殿四周旌旗迎风飘扬，谒者引领着各位诸侯鱼贯进殿。威武庄重的卫兵围绕在宫殿内外，排列在宫中的台阶两侧，功臣、诸侯和将领们面东而立，文官面西恭候，刘邦乘辇由寝宫上殿，百官持旗传呼清道，文武官员惶恐肃静，依次趋前恭贺。

行礼完毕，宫中酒宴开场，御史巡视执法，发现谁不依礼节行事，立即请出宫门。陪侍的群臣一改往日的喧闹，敬畏地低着头，按照尊卑次序，挨个向刘邦敬酒祝寿。酒过九巡，谒者高声宣布："酒宴结束。"

朝拜仪式进行得非常圆满，刘邦高兴地感叹道："今天我才知道当皇帝是多么尊贵！"

他立即任命叔孙通为太常，赏赐五百金。

学海/拾贝

☆ 礼岂不至矣哉！立隆以为极，而天下莫之能损益也。

☆ 天下从之者治，不从者乱；从之者安，不从者危；从之者存，不从者亡。

☆ 礼者，人道之极也。

☆ 礼之中焉能思索，谓之能虑；礼之中焉能勿易，谓之能固。能虑能固，加好者焉，斯圣人矣。

乐 论

名师导读

本篇论述了音乐的起源及其社会作用、礼乐关系，认为音乐具有巨大的教化作用，"乐中平则民和而不流，乐肃庄则民齐而不乱"；荀子指出，音乐不仅能够表达人的情感，给人带来快乐，而且具有"入人也深""化人也速"的强大感染力，可以移风易俗。因此，他主张统治者制定正声雅乐来引导百姓，让音乐为巩固统治服务。

【原文】

夫乐者，乐也，人情之所必不免也，故人不能无乐。乐则必发于声音，形于动静，而人之道①，声音、动静、性术之变尽是矣。故人不能不乐，乐则不能无形，形而不为道②，则不能无乱。先王恶其乱也，故制《雅》《颂》③之声以道之，使其声足以乐而不流，使其文足以辨④而不谄⑤，使其曲直、繁省、廉肉⑥、节奏足以感动人之善心，使夫邪污之气无由得接焉。是先王立乐之方也，而墨子非之，奈何！

【注释】

①人之道：人之所以为人。
②道：同"导"，引导。

③《雅》《颂》：《诗经》中的两类乐曲。

④辨：辨别，辨明。

⑤谋：邪。

⑥廉肉：指声音的清晰和饱满。

【译文】

音乐，就是欢乐的意思，它是人的情感中绝对不能缺少的东西，所以人不能没有音乐。欢乐了就一定会在歌唱吟咏的声音中表现出来，在手舞足蹈的举止中体现出来，可见人之所以为人，声音、举止、性情及其表现方式的变化，就全都体现在这音乐之中了。所以，人不可能不快乐，快乐了就不可能不表现出来，但这种表现如果不进行引导，就不可能没有祸乱。古代的圣王憎恶这种祸乱，所以制定了《雅》《颂》的音乐来引导他们，使乐声足够用来表达快乐而不淫荡，使乐章足够用来辨别清楚乐曲的含义而不流于邪僻，使音律的婉转或舒扬、繁复或简单、清脆利落或圆润丰满、节制停顿或推进加快，都足够用来感动人的行善之心，使那些邪恶肮脏的风气没有途径能和民众接触。这就是古代圣王设置音乐的原则，但是墨子却反对音乐，有什么办法呢！

【原文】

故乐在宗庙之中，君臣上下同听之，则莫不和敬；闺门之内，父子兄弟同听之，则莫不和亲；乡里族长①之中，长少同听之，则莫不和顺。故乐者，审一以定和②者也，比③物以饰节者也，合奏以成文者也，足以率一道，足以治万变。是先王立乐之术也，而墨子非之，奈何！

【注释】

①族长：族党，指同族人之内。

②审一以定和：古代的宫、商、角、徵、羽虽然没有绝对音高，但有相对音高，只要其中一个音的音高确定了，那么其他各级的音高也就确定了。和，指五音中除主音以外用来应和主音的其他音。

③比：并列，配合。

【译文】

所以音乐在祖庙之中，君臣上下一起听了它，就再也没有人不和谐恭敬的了；在家门之内，父子兄弟一起听了它，就再也没有人不和睦亲近的了；在乡里家族之中，年长的和年少的一起听了它，就再也没有人不和谐顺从的了。音乐，是审定一个主音来确定其他和音的，是配上各种乐器来调整节奏的，是一起演奏来组成众音和谐的乐曲的，它足够用来统率大道，足能用来整治各种变化。这就是古代圣王设置音乐的方法啊，可是墨子却反对音乐，有什么办法呢！

【原文】

故听其《雅》《颂》之声，而志意得广焉；执其干戚①，习其俯仰屈伸，而容貌得庄焉；行其缀兆②，要③其节奏，而行列得正焉，进退得齐焉。故乐者，出所以征诛也，入所以揖让也。征诛揖让，其义④一也。出所以征诛，则莫不听从；入所以揖让，则莫不从服。故乐者，天下之大齐也，中和之纪也，人情之所必不免也。是先王立乐之术也，而墨子非之，奈何！

【注释】

①干戚：武舞所执的舞具。干，盾牌。戚，斧头。

②缀兆：指舞蹈时的行列位置。缀，标记，指舞蹈时行列的标识。兆，界域，指舞蹈者活动的界域。

③要：迎合。

④义：意义，指作用。

【译文】

所以，人们听《雅》《颂》的音乐，志向心胸就能宽广了；拿起盾牌、斧头等舞具，练习低头抬头、弯曲伸展等舞蹈动作，容貌就能庄重了；行动在舞蹈的行列位置上，迎合舞曲的节奏，队列就能不偏不斜了，进退就能整齐一致了。所以音乐，对外可用来征伐，对内可用来谦恭礼让。对于征伐与礼让，音乐的作用是一样的。对外用音乐作为征伐的工具，就没有人不听从；对内用音乐作为礼让的手段，就没有人不服从。所以音乐是天下最大的齐同，是中正和平的要领，是人的情感必不可少的。这就是古代圣王设置音乐的策略，可是墨子却反对音乐，有什么办法呢！

【原文】

　　且乐者，先王之所以饰喜也；军旅铁钺①者，先王之所以饰怒也。先王喜怒皆得其齐②焉。是故喜而天下和之，怒而暴乱畏之。先王之道，礼乐正其盛者也，而墨子非之。故曰：墨子之于道也，犹瞽③之于白黑也，犹聋之于清浊也，犹欲之楚而北求之也。

【注释】

①铁（fū）钺（yuè）：古代斩杀的刑具，此处泛指刑具。铁，通"斧"。钺，大斧。

②齐：适中，适当。

③瞽（gǔ）：指盲人。

【译文】

况且音乐，是古代的圣王用来表现喜悦的；军队和刑具，是古代的圣王用来表现愤怒的。古代圣王的喜悦和愤怒都能表达得恰如其分。所以，圣王喜悦了，天下人就附和他；圣王愤怒了，凶暴作乱的人就害怕他。古代圣王的政治原则中，礼制和音乐正是其中的大事，但墨子却反对它们。所以说：墨子对于正确的政治原则，就好像盲人不能分辨白色和黑色一样，就好像失聪的人不能区别音质的清浊一样，就好像想去南方的楚国却到北方去一样。

【原文】

夫声乐之入人也深，其化人也速，故先王谨为之文。乐中平则民和而不流，乐肃庄则民齐而不乱。民和齐则兵劲城固，敌国不敢婴①也。如是，则百姓莫不安其处，乐其乡，以至足其上矣。然后名声于是白，光辉于是大，四海之民莫不愿得以为师。是王者之始也。乐姚冶以险，则民流僈鄙贱矣。流僈则乱，鄙贱则争。乱争则兵弱城犯，敌国危之。如是，则百姓不安其处，不乐其乡，不足其上矣。故礼乐废而邪音起者，危削侮辱之本也。故先王贵礼乐而贱邪音。其在序官也，曰："修宪命，审诛赏，禁淫声，以时顺修，使夷俗邪音不敢乱雅，太师之事也。"

【注释】

①婴：通"撄"，碰，触犯。

【译文】

音乐渗入人心是很深的，它感化人心是很快的，所以古代的圣王谨慎地对它加以修饰。音乐中正平和那么民众就和睦协调而不淫荡，音乐严肃庄重那么民众就同心同德而不混乱。民众和睦协调、同心同德，那么兵力就强劲，城防就牢固，敌国就不敢来侵犯了。像这样，老百姓就无不满足于自己的居所，热爱自己的家乡，以使自己的君主获得满足。然后君主的名声就会因此而显赫，光辉因此而增强，天下的民众就没有谁不希望得到他让他做自己的君主。这是称王天下的开端。音乐妖冶轻浮而邪恶，那么民众就淫荡轻慢、卑鄙下贱了。民众淫荡轻慢就会混乱，卑鄙下贱就会争斗。混乱和争斗就会导致兵力衰弱，城池就会被破坏，敌国就会来侵犯了。像这样，老百姓就不会安心地住在自己的居所，就不会热爱自己的家乡，也不会使自己的君主满足了。所以，礼乐被废弃而靡靡之音兴盛起来，这是国家危险、削弱、遭受侮辱的根源。所以古代的圣王看重礼乐而鄙视靡靡之音。他在论述官员的职责时，说："修改法令，审查诗歌乐章，禁止淫荡的音乐，根据时势去整治，使蛮夷的落后风俗和邪恶的音乐不敢扰乱正声雅乐，这是太师的职事。"

【原文】

墨子曰："乐者，圣人之所非也，而儒者为之，过也。"君子以为不然。乐者，圣王之所乐也，而可以善民心，其感人深，其移风易俗，故先王导之以礼乐而民和睦。夫民有好恶之情而无喜怒之应则乱。先王恶其乱也，故修其行，正其乐，而天下顺焉。故齐衰之服，哭泣之声，使人之心悲；带甲婴①轴，歌于行伍②，使人之心伤；姚冶之容，郑、卫之音，使人之心淫；绅③、端④、章甫⑤，舞《韶》、歌《武》，使人之心庄。故君子耳不听淫声，目不视女色，口不出恶言。此三者，君子慎之。

【注释】

① 婴：系，指把帽带系在颈上。

②行（háng）伍：古代军队的编制，五人为伍，二十五人为行，所以用"行伍"指称军队。

③绅：古代士大夫束在腰间、一头垂下的大带子。

④端：古代诸侯、大夫、士在祭祀时穿的式样端正的礼服。

⑤章甫：商代的一种礼帽，即缁布冠，是行冠礼以后才戴的，用来表明（章）成人男子（甫）的身份，故称章甫。

【译文】

墨子说："音乐，是圣明的帝王所反对的，而儒者却倡导它，那是错误的。"君子认为并不是这样。音乐，是圣人所喜欢的，而且可以用来改善民众的思想，它感人至深，能改变风俗，所以古代的圣王用礼制音乐来引导人民而人民就和睦了。民众有了爱憎的感情而没有表达喜悦、愤怒的方式来和它对应就会产生混乱。古代的圣王憎恶这种混乱，所以修养自己的德行，端正国内的音乐，因而天下人就顺从他了。所以披麻戴孝的丧服，哭泣的声音，会使人的内心悲痛；穿上铠甲，戴上头盔，在部队中歌唱，会使人的内心忧伤；妖艳的容貌，郑国、卫国的靡靡之音，会使人的内心淫荡；系着宽大的腰带、穿着礼服、戴着礼帽，随着《韶》《武》的乐曲载歌载舞，会使人的内心严肃。所以君子耳朵不聆听淫荡的音乐，眼睛不注视女子的美貌，嘴巴不说出邪恶的语言。这三件事，是君子应慎重对待的。

【原文】

凡奸声感人而逆气应之，逆气成象而乱生焉，正声感人而顺气应之，顺气成象而治生焉。唱和有应，善恶相象，故君子慎其所去就①也。

【注释】

①就：接近，趋近，接受。

【译文】

大凡淫邪的音乐感动人以后就有歪风邪气来应和它，歪风邪气成了社会现象，那么混乱的局面就产生了；正派的音乐感动人以后就有和顺的风气来应和它，和顺的风气成了社会现象，那么秩序井然的局面就产生了。有唱必有和，善良的或邪恶的风气也随之而形成，所以君子对自己抛弃什么音乐、接受什么音乐是很慎重的。

【原文】

君子以钟鼓道^①志，以琴瑟乐心，动以干戚，饰以羽旄^②，从以磬管。故其清明象天，其广大象地，其俯仰周旋有似于四时。故乐行而志清，礼修而行成，耳目聪明，血气和平，移风易俗，天下皆宁，美善相乐。故曰：乐者，乐也。君子乐得其道，小人乐得其欲。以道制欲，则乐而不乱；以欲忘道，则惑而不乐。故乐者，所以道乐也。金石丝竹，所以道德也。乐行而民乡方^③矣。故乐者，治人之盛者也，而墨子非之。

【注释】

①道：同"导"，引导。
②羽旄（máo）：野鸡毛和牦牛尾，均为舞具。
③方：道。

扫码看视频

【译文】

君子用钟鼓来引导人们的志向，用琴瑟来使人们心情愉快，拿着盾牌、斧头等舞具来跳舞，用野鸡毛和牦牛尾等舞具做装饰，用箫、管来伴奏。所以乐声的清朗像天空，广阔像大地，那舞姿的俯仰旋转又和四季的变化相似。所以音乐推行后人们的志向就会高洁，礼制遵循后人们的德行就能养成，要使人们耳聪目明，温和平静，改变风俗，天下都安宁，美与善相得益彰。所以说：音乐，就是欢乐的意思。君子把从音乐中获得道义作为欢乐，小人把从音乐中满足欲望当作欢乐。用道义来控制欲望，那就能欢乐而不淫乱；为满足欲望而忘记了道义，那就会迷惑而不快乐。所以音乐是用来引导人们娱乐的。金、石、丝竹等乐器，是用来引导人们修养道德的。音乐推行后民众就向往大道了。所以音乐是治理人民的重要工具，但墨子却反对它。

【原文】

且乐也者，和之不可变者也；礼也者，理之不可易者也。乐合同，礼别异，礼乐之统，管乎人心矣。穷①本极②变③，乐之情也；著诚去伪，礼之经也。墨子非之，几遇刑也。明王已没，莫之正④也。愚者学之，危其身也。君子明乐，乃其德也。乱世恶善，不此听也。於乎哀哉！不得成也。弟子勉学，无所营⑤也。

【注释】

①穷：穷究，深入到极点。

②极：达到最高限度。

③变：指感化人心，改变风俗。

④正：纠正。

⑤营：通"眢"，惑乱。

【译文】

况且音乐，是使人们和谐而不可变更的原则；礼制，是治理社会时不可更换的原则。音乐使人们同心同德，礼制使人们区别出等级的差异，礼乐的纲领，可以总管人们的思想。深入地触动、极大地改变人的心性，是音乐的本质；彰明真诚、去掉虚伪，是礼制的永恒原则。墨子反对它们，几乎要遭到刑罚了。圣明的帝王已经死去，没有人来加以纠正。愚蠢的人学习他，会危害自己的生命。君子彰明音乐，这才是仁德。混乱的社会厌恶善行，不听这提倡音乐的话。可悲啊！音乐因此而不能见成效。学生们努力学习，不要因为墨子的反对而有所迷惑。

【原文】

乱世之征：其服组①，其容妇②，其俗淫，其志利③，其行杂④，其声乐险⑤，其文章匿⑥而采，其养生无度，其送死瘠墨⑦，贱礼义而贵勇力，贫则为盗，富则为贼。治世反是也。

【注释】

①组：华丽。

②妇：妇女的打扮。

③利：唯利是图。

④杂：污。

⑤险：邪。

⑥匿：读为"慝（tè）"，邪恶。

⑦瘠墨：俭薄。墨家主张薄葬，故称"瘠墨"。

【译文】

乱世的征兆：其服装华丽，其打扮模仿妇女，其习俗淫荡，其志向唯利是图，其音乐邪辟，其文章内容邪恶而多采饰，其养生花费无度，其送终安葬苟简俭薄，鄙贱礼义而看重勇力，贫穷则为强盗，富有则对国家、人民、社会道德风尚造成危害。太平盛世则与这种情况相反。

点名师评

　　本文是先秦儒学论乐的重要文献，详细描述了荀子的音乐观。荀子继承了儒家重视礼乐的传统，从音乐与个人、社会政治、风俗的密切关系，论证了音乐的重要性，指出音乐是国家教化百姓、改变风俗和维护统治的工具，有力地反驳了墨子的"非乐"主张。全文辞藻优美，论证精辟，思想内涵丰富，其中所提倡的"雅乐""正声"对于陶冶个人情操、维护社会和谐稳定具有重要意义。

延伸/阅读

　　吴国公子季札前来鲁国访问，请求观赏周朝的音乐和舞蹈。

　　鲁国人为他歌唱《周南》和《召南》。季札说："美好啊！开始实行教化了，只是尚未完成，百姓虽然辛劳但是没有怨恨了。"乐工为他歌唱《邶风》《鄘风》和《卫风》。季札说："美好啊，多深厚啊！虽然有忧思，却不至于困窘。我听说卫国康叔、武公的德行就像这个样子，这大概是《卫风》吧！"乐工为他歌唱《王风》。季札说："美好啊！有忧思却没有恐惧，这大概是周室东迁之后的乐歌吧！"乐工为他歌唱《郑风》。季札说："美好啊！但是太过烦琐了，百姓不能忍受。这大概会最先亡国吧。"乐工为他歌唱《齐风》。季札说："美好啊，宏大而深远，这是大国应该唱的乐歌啊！太公的国家大概能成为东海诸国的表率。国运真是不可限量啊！"乐工为他歌唱《南风》。季札说："美好啊，博大坦荡！欢乐却不放纵，大概是周公东征时的乐歌吧！"乐工为他歌唱《秦风》。季札说："这乐歌就叫作正声。能作正声自然宏大，宏大到了极点，大概是周室故地的乐歌吧！"乐工为他歌唱《魏风》。季札说："美好啊，粗犷而又婉转，变化曲折却又易于流转，加上德行的辅助，就可以成为贤明的君主了。"乐工为他歌唱《唐风》。季札说："思虑深远啊！可能是有陶唐氏的后裔在吧！假如没有，为什么会忧思深远呢？除了有美德的人的后代，谁会像这样呢？"乐工为他歌唱《陈风》。季札说："国家没有主人，难道能够长久吗？"再歌唱《邻风》以下的乐歌，季札就不做评论了。

学海/拾贝

☆ 夫乐者，乐也，人情之所必不免也，故人不能无乐。

☆ 夫声乐之入人也深，其化人也速，故先王谨为之文。

☆ 乐中平则民和而不流，乐肃庄则民齐而不乱。

☆ 故礼乐废而邪音起者，危削侮辱之本也。故先王贵礼乐而贱邪音。

☆ 乐者，圣王之所乐也，而可以善民心，其感人深，其移风易俗，故先王导之以礼乐而民和睦。

☆ 乐合同，礼别异，礼乐之统，管乎人心矣。

解 蔽

本篇论述了有关认识论的问题。怎样正确认识事物？荀子认为："凡以知，人之性也；可以知，物之理也。"人有认识客观事物的能力，客观事物也是可以被认识的。但人们在认识事物的过程中容易被主观臆断蒙蔽，犯片面性的错误，因此主张"解蔽"。解蔽的途径就是用心去了解"道"，做到"虚壹而静"，即虚心、专一和宁静，以达到"大清明"的境界。

【原文】

凡人之患，蔽于一曲而暗于大理。治则复经，两疑则惑矣。天下无二道，圣人无两心。今诸侯异政，百家异说，则必或是或非，或治或乱。乱国之君，乱家之人，此其诚心莫不求正而以自为也，妒缪①于道而人诱其所迨②也。私其所积，唯恐闻其恶也；倚其所私，以观异术，唯恐闻其美也。是以与治虽走而是己不辍也，岂不蔽于一曲而失正求也哉！心不使焉，则白黑在前而目不见，雷鼓在侧而耳不闻，况于使者乎！德③道之人，乱国之君非之上，乱家之人非之下，岂不哀哉！

【注释】

①缪：通"谬"，谬误。

②迨：通"怡"，喜爱。

③德：通"得"。

【译文】

　　大凡人们的毛病，是被片面的看法蒙蔽，而不明白全面的道理。纠正就能使认识恢复到正道上来，在偏见和大道之间徘徊就会使自己迷惑。天下没有两个大道，圣人也没有对道有二心的。如今诸侯实施不同的政治，百家之言更是五花八门，那么其中必定有对的也有错的，有能治理国家的也有能祸害国家的。使国家陷入混乱的国君，使思想混乱的学者，他们的真心没有不想走上正道而亲身去实践的，但是他们忌妒并错误地对待大道，其他人就会投其所好地引诱他们。偏好于自己的经验，唯恐听到不利于自己做法的言论；依靠自己的偏见来观察他人的学说，唯恐听到有关他人的好话。所以就背离正道越来越远并且还在不停地走下去，这难道不是被片面的看法蒙蔽而失去了对正道的追求吗！自己的心思不在这里，即使黑色和白色放在眼前也是看不出它们的差别的，响雷近在耳畔也是听不见的，更何况心被蒙蔽了呢！得道的人，使国家混乱的君主在他的上面非难他，使思想混乱的学者在下面反对他，这难道不可悲吗！

【原文】

　　故①为蔽：欲为蔽，恶为蔽；始为蔽，终为蔽；远为蔽，近为蔽；博为蔽，浅为蔽；古为蔽，今为蔽。凡万物异则莫不相为蔽，此心术之公患也。

【注释】

　　①故：通"胡"，什么。

【译文】

什么造成了蒙蔽？有的人是被自己的欲望蒙蔽，有的人是被憎恶蒙蔽；有的人是只看到事情的开头而被蒙蔽，有的人是只看到事情的结局而被蒙蔽；疏远会被蒙蔽，亲近也会被蒙蔽；有的人是由于知识广博而被蒙蔽，有的人是由于见识浅陋而被蒙蔽；有的人只看到古代的情况而被蒙蔽，有的人只看到现在的情况而被蒙蔽。凡是事物都有差异，没有不是相互蒙蔽的，这就是人们思想方法上的通病。

【原文】

圣人知心术之患，见蔽塞之祸，故无欲无恶①，无始无终，无近无远，无博无浅，无古无今，兼陈万物而中县衡②焉。是故众异不得相蔽以乱其伦也。

【注释】

①恶：讨厌，不喜欢。
②衡：秤杆，指标准。

【译文】

圣人了解人们思想上的毛病，能看到被蒙蔽的祸患，所以没有什么欲望也没有什么憎恶的事物，不是只看事物的开始也不是只看事物的结局，不是只从近处着眼也不是只从远处着眼，不只看到博大的一面也不只看到浅近的一面，不只看到古代的情况也不只看到现代的情况，而是把各种不同的事物全面地进行考察，心中用一个统一的标准来衡量。所以各种事物就不会相互蒙蔽而扰乱了本来的关系。

【原文】

何谓衡？曰：道。故心不可以不知道。心不知道，则不可道而可非道。人孰欲得恣而守其所不可，以禁其所可？以其不可道之心取人，则必合于不道人，而不知^①合于道人。以其不可道之心，与不道人论道人，乱之本也。夫何以知？曰^②：心知道，然后可道；可道，然后能守道以禁非道。以其可道之心取人，则合于道人，而不合于不道之人矣。以其可道之心，与道人论非道，治之要也。何患不知？故治之要在于知道。

【注释】

①知：当为衍文。
②曰：当为衍文。

【译文】

什么是标准？回答：就是道。所以，心中不可以不了解道。若是心中不了解道，就不会肯定正道而去肯定邪道了。人谁会在放纵不羁的时候而守着自己不愿意做的事情，禁止去做自己愿意做的事情呢？用自己否定正道的思想方法来选择人，就一定会和那些邪道上的人合得来，而和那些正道上的人合不来。用自己否定正道的思想方法与那些邪道上的人谈论正道上的人，这就是混乱的根本原因。他们怎么会了解大道呢？心中了解正道，然后才能肯定正道；肯定正道，然后才能守护着正道而防止邪道。用自己正道的思想方法来选择人，就会与正道上的人合得来，从而和邪道上的人合不来。用自己正道的思想方法来与正道上的人谈论邪道，这才是治理国家的关键。怎么会担心不能了解道呢？所以说治国的关键在于了解道。

【原文】

人何以知道？曰：心。心何以知？曰：虚壹而静。心未尝不臧也，然而有所谓虚；心未尝不满也，然而有所谓一；心未尝不动也，然而有所谓静。人生而有知，知而有志。志也者，臧也，然而有所谓虚，不以所已臧害所将受谓之虚。心生而有知，知而有异，异也者，同时兼知之。同时兼知之，两也，然而有所谓一，不以夫一害此一谓之壹。心，卧则梦，偷①则自行，使之则谋。故心未尝不动也，然而有所谓静，不以梦剧乱知谓之静。未得道而求道者，谓之虚壹而静。作之，则将须道者之虚则入，将事道者之壹则尽，尽将思道者静则察。知道察，知道行，体道者也。虚壹而静，谓之大清明。万物莫形而不见，莫见而不论，莫论而失位。坐于室而见四海，处于今而论久远，疏观万物而知其情，参稽②治乱而通其度，经纬天地而材官万物，制割大理，而宇宙里矣。恢恢广广，孰知其极！罜罜③广广，孰知其德！涫涫④纷纷，孰知其形！明参日月，大满八极⑤，夫是之谓大人！夫恶有蔽矣哉！

【注释】

① 偷：松懈，不集中。

② 稽：考证，考核。

③ 罜（hào）罜：通"皜皜"，广大的样子。

④ 涫（guàn）涫：水沸腾的样子。

⑤ 八极：即东、西、南、北、东南、东北、西南、西北八个方向，形容极其广大。

扫码看视频

【译文】

人怎么才能了解道呢？回答：用心。心怎么了解道呢？回答：虚空、专一而且宁静。心里不是没有东西，但是只有虚空才能接受新事物；心不是没有两用的时候，但是只有专一才能一件件事情地去做；心不是没有活动，但是只有宁静才能有所节制。人生来是有认识能力的，有认识能力才能有记忆。记忆，就是把事物的印象储藏起来，但是这里所说的虚空，是不因自己的记忆而妨害自己将要接受的新事物。心生来就有知觉，有了知觉就能区别不同事物，能区别不同事物就能同时认识它们。能同时认识不同事物，就叫作两用，但是这里所说的专一，是不因为对那一事物的认识妨碍对这一事物的认识，这就叫作专一。心在睡觉的时候就会做梦，思想不集中的时候就会胡思乱想，运用的时候才会有所谋划。所以心不是不活动的，但是这里所说的宁静，是不因为做梦和胡思乱想而扰乱认识。没有了解道而正在追求道的人，就要告诉他要虚空、专一而宁静。实行起来，想要了解道的人，虚空就能得道，将要学习道的人，专心就能够得道了，想要研究道的人，宁静了就能明察道的真义。明察道的真义，认识道而又能够身体力行，这就是体会了道的人。虚空、专一而且宁静，就叫作认识上的透彻明白。万物没有有形而看不见的，没有看见而不能论说的，没有论说而不恰当的。坐在一间屋子里就能看到天下，身处当今而能分析古代的情况，粗略地了解万物就能知道它们的本质，考察社会的治乱就能通晓它的规律，治理天地又能利用万物，掌握了大道，也就了解了宇宙。广大无垠啊，有谁能知道圣人的胸怀的博大！浩瀚无边啊，有谁知道圣人的道德的高尚！纷繁复杂啊，有谁知道圣人的伟大形象！他的思想可和日月媲美，充塞四面八方，这就是所谓的大人！这样的人怎么会被蒙蔽呢！

【原文】

　　心者，形之君也而神明之主也，出令而无所受令。自禁也，自使也，自夺也，自取也，自行也，自止也。故口可劫①而使墨②云，形可劫而使诎申^③，心不可劫而使易意，是之则受，非之则辞。故曰：心容，其择也无禁，必自见，其物也杂博，其情之至也不贰。《诗》云："采采卷耳^④，不盈顷筐。嗟我怀人，寘^⑤彼周行。"^⑥顷筐易满也，卷耳易得也，然而不可以贰周行。故曰：心枝则无知^⑦，倾^⑧则不精，贰则疑惑。以赞^⑨稽^⑩之，万物可兼知也。

【注释】

①劫：强制。

②墨：通"默"。

③诎申：屈伸。

④卷耳：菊科植物，又称"苍耳"或"枲耳"。

⑤寘：置。

⑥此诗见《诗经·周南·卷耳》。

⑦枝：分散。

⑧倾：别有倾向。

⑨赞：帮助。

⑩稽：考察。

【译文】

　　人的心，是躯体的君主而且是精神的主宰，发出命令而不接受命令。心可以自己禁止自己，自己驱使自己，自己夺去自己，自己接受自己，自己行动，自己停止。所以嘴巴可以被强制缄默，形躯可以被强制屈伸，但心却不可以被强制而改变志意，对的就接受，错的就不接受。所以说：心能容纳不同事物，其选择是没有禁制的，一定是心自己意志的呈现，心主宰的东西虽很博杂，但专精是心的最高主宰，是专一不贰。《诗经》说："采卷耳啊采卷耳，装啊装不满一筐。心中怀念我的他啊，停下采摘把筐放在大路上。"一筐是很容易装满的，卷耳是很容易采摘到的，但是心不可以不专一在大路上。所以说：心意分散成枝蔓，就不能知晓事物。心有倾斜就不能精深细察，心有二意就产生疑惑。用专一之道，就有助于考察事物，万物是可以同时知道的。

【原文】

凡观物有疑，中心不定，则外物不清；吾虑不清，则未可定然否①也。冥冥②而行者，见寝石以为伏虎也，见植③林以为后④人也，冥冥蔽其明也。醉者越百步之沟，以为跬步之浍也；俯而出城门，以为小之闺⑤也，酒乱其神也。厌⑥目而视者，视一以为两；掩耳而听者，听漠漠而以为哅哅，势⑦乱其官也。故从山上望牛者若羊，而求羊者不下牵也，远蔽其大也，从山下望木者，十仞之木若箸⑧，而求箸者不上折也，高蔽其长也。水动而景摇，人不以定美恶，水势玄⑨也。瞽者仰视而不见星，人不以定有无，用精⑩惑也。有人焉，以此时定物，则世之愚者也。彼愚者之定物，以疑决疑，决必不当。夫苟不当，安能无过乎？

【注释】

①定然否：确定事物的是非真伪。

②冥冥：昏晦不明，指暮夜天色。

③植：直立。

④后：当作"立"。

⑤闺：小宫门。

⑥厌：通"压"。

⑦势：外力。

⑧仞：古代八尺为一仞。

⑨玄：通"眩"，视觉混乱。

⑩精：视觉。

【译文】

　　大凡观察事物如有疑惑，内心不能确定，就会对外界事物认识不清；自己的思想混乱不清，那就不能判断是非。在冥冥黑夜里行路，见卧石以为是趴着的大老虎，见直立的树木以为是站着的人，漆漆黑夜遮蔽了眼睛的明亮。喝醉的人跨越百步之遥的鸿沟，以为那是半步宽的小水沟；俯身而出城门，以为是宫中小小的闺门，酒精扰乱了他的神经。压着眼睛而看向前方，一个东西被看成了两个；捂着耳朵而听，听起来漠漠无声而以为是哅哅喧闹，那是外力扰乱了身体器官。所以从山上望牛，牛好像是羊，但是求羊的人是不会去那里牵羊的，距离遥远混淆了大小形状。从山下看山上的树木，高达十仞的树木好像筷子一般，而找筷子的人是不会上山去折它的，山高混淆了长短之度。水花晃动而水中倒影也摇动，人们不能以此来定好看与否，水势眩人眼目啊。眼瞎的人仰视而看不见星星，人们不能以来定星星有无，因为他的视觉是迷乱的。如果有人，以神情迷惑的时候来确定事物，那他则是世界上愚蠢的人。那些愚蠢的人来确定事物，用受蒙蔽的心来解决疑惑的问题，作出的决定必然不符合客观情况。如此的苟且不恰当，哪能没有过错呢！

点名师评

　　文章开篇点明主旨："治则复经，两疑则惑矣。"要"解蔽"而回到正确的道路（"经"）上来，徘徊不定则使人迷惑不前。接着围绕这一中心思想，探讨了人们易受蒙蔽的原因和解除蒙蔽的方法，脉络清晰，说理精辟。文章具有深远的教育和启迪意义，告诫人们认识事物时，最关键的就是应解除片面的思维定式，全面看待事物。

延伸/阅读

以前有个齐国人特别想得到金子，一天早上，他穿戴好衣帽，来到卖金子的地方。见有个人手里拿着金子，他伸手抢过来就跑。官差把他捉住捆绑了起来，问他："人们都在这儿，你怎么就伸手去抢人家的金子呢？"他回答说："拿金子时，我的眼里只看见了金子，没有看见人。"

人的心智一旦被私欲蒙蔽，就会变得片面，所以我们一定要消除认识的局限，这样才能变得通达。

学海/拾贝

☆ 凡万物异则莫不相为蔽，此心术之公患也。

☆ 圣人知心术之患，见蔽塞之祸，故无欲无恶，无始无终，无近无远，无博无浅，无古无今，兼陈万物而中县衡焉。

☆ 心知道，然后可道；可道，然后能守道以禁非道。

☆ 心未尝不臧也，然而有所谓虚；心未尝不满也，然而有所谓一；心未尝不动也，然而有所谓静。

☆ 未得道而求道者，谓之虚壹而静。

正 名

名师导读

本篇是中国古代逻辑学中的重要篇章之一，对名称与它所反映的实际内容之间的关系进行了深入探讨。荀子认为，名实关系决定着国家的长治久安，每一个新王朝兴起，都要沿用一些旧有的名称，并制定一些新的名称，它一经确定，就对实际内容发生影响，所谓"名定而实辨"。接着，荀子指出制定名称的原因、根据和要领，强调的是名实应当相符。

【原文】

后王之成名：刑名从商，爵名从周，文名从《礼》。散名①之加于万物者，则从诸夏之成俗曲期②，远方异俗之乡则因之而为通。散名之在人者：生之所以然者谓之性。性之和所生，精合③感应④，不事⑤而自然谓之性。性之好、恶、喜、怒、哀、乐谓之情。情然⑥而心为之择谓之虑。心虑而能为之动谓之伪⑦。虑积焉、能习焉而后成谓之伪。正利而为谓之事。正义而为谓之行。所以知之在人者谓之知。知有所合谓之智。智所以能之在人者谓之能。能有所合谓之能。性伤谓之病。节遇谓之命。是散名之在人者也，是后王之成名也。

【注释】

① 散名：指各种零碎事物的名称。散，分散，零碎。

② 曲期：共同的约定。曲，周遍。期，会合，约定。

③ 合：会合，接触。

④ 感应：指人和外界事物接触后的反应。

⑤ 不事：无为，不做主观的人为努力。

⑥ 情然：情有所动，意思是有所欲。

⑦ 伪：人为。

【译文】

近代的君主给事物确定名称：刑法的名称仿照商朝，爵位的名称仿照周朝，礼节的名称仿照《仪礼》。赋予万物的各种名称，是仿照中原各国的约定俗成，远方习俗有不相同的则按照这样的约定来沟通。人本身的各种名称：生来就有的叫作天性。天性由阴阳二气相互作用而产生，精神和外界事物接触产生的反应，不必经过后天人为加工便有的，叫作本性。本性的好、恶、喜、怒、哀、乐叫作感情。情有所欲，而心加以选择叫作思虑。内心考虑后再照着做叫作人为。思虑的反复积累和各种官能的反复练习后形成的叫作人为。符合正当利益的就去做叫作事业。符合道义的就去做叫作德行。因此人生来就有的认识能力叫作认知。人的认知与客观世界相符合叫作智慧。人本来具有的能力叫作本能。本能和客观世界相符合叫作才能。人的天性受到损伤叫作疾病。偶然的遭遇叫作命运。这些都是人本身的各种名称，是近代君主所确定的名称。

【原文】

故王者之制名，名定而实辨，道行而志通，则慎率民而一焉。故

析辞擅作名以乱正名，使民疑惑，人多辨讼，则谓之大奸，其罪犹为符节、度量①之罪也。故其民莫敢托为奇辞以乱正名，故其民悫，悫则易使，易使则公②。其民莫敢托为奇辞以乱正名，故壹于道③法而谨于循令矣。如是，则其迹长矣。迹长功成，治之极也，是谨于守名约之功也。

【注释】

①度量：泛指度、量、衡等标准器械。度，量长短的标准器具。量，量多少的标准器具。

②公：通"功"。

③道：由，遵行。。

【译文】

所以王者制定事物的名称，名称确定而各种事物就有了分别，基本的原则实行了而思想意志就可以互相沟通了，就可以小心地率领人民来统一行动了。所以那些玩弄辞藻、擅自制造名称来扰乱正确的名称，使人民疑惑，增加争论是非的，就是大奸大恶的人，他们的罪过相当于伪造符节和度量衡。所以人民不敢凭借奇谈怪论来扰乱正确的名称，因此人民就端正，端正就容易役使，容易役使就有功效。王者的人民不敢凭借奇谈怪论来扰乱正确的名称，所以都一心实行礼法而遵循法令。只有这样，他的事业就长久了。事业长远才能功成名就，这就是治理国家的极致，是遵守名称约定的功效。

【原文】

今圣王没，名守慢，奇辞起，名实乱，是非之形不明，则虽守法之吏，诵数①之儒，亦皆乱也。若有王者起，必将有循于旧名，有作于新名。

然则所为有名，与所缘②以同异，与制名之枢要，不可不察也。

【注释】

①数：指礼制。

②缘：依照，根据。

【译文】

现在圣王已逝，遵守统一名称的事情懈怠了，奇谈怪论产生了，名称和实物的关系混乱了，是非之间的界限不明显，即使是那些守护法度的官员，讲述典章制度的大儒，也都混乱了。如果有新的王者出现，必定会沿用一些旧有的名称，并制定一些新的名称。既然这样，那么就要有名称，名称有同有异的根据以及制定名称的关键，就不能不考察了。

【原文】

异形①离②心交喻，异物名实玄纽③，贵贱不明，同异不别，如是则志必有不喻之患，而事必有困废之祸。故知者为之分别，制名以指实，上以明贵贱，下以辨同异。贵贱明，同异别，如是则志无不喻之患，事无困废之祸，此所为有名也。

【注释】

①形：形体，此处指人。

②离：背离。

③纽：结。

扫码看视频

【译文】

万物形体不同，人们看法不同就要互相说明，不同的事物的名称和实物混杂在一起，贵贱不分，相同的和不同的就没有分别，这样一来，思想上一定会有表达不清的忧患，事情也必定有困顿废弃的祸患。所以明智的人对这些加以分别，用名称来指代实物，对上可以分出贵贱，对下可以分出相同和不同。贵贱分清了，同异分开了，这样一来，在思想上就不会有表达不清的忧患，事物也就不会有什么困顿废弃的祸患，这就是事物为什么要有一定的名称。

【原文】

然则何缘而以同异？曰：缘天官①。凡同类、同情者，其天官之意物②也同，故比方之疑③似而通，是所以共其约名④以相期⑤也。形体、色、理以目异，声音⑥清浊、调竿⑦奇声以耳异；甘、苦、咸、淡、辛、酸、奇味以口异；香、臭、芬、郁⑧、腥⑨、臊⑩、洒⑪、酸⑫、奇臭以鼻异；疾、养、沧⑬、热、滑、铍⑭、轻、重以形体异；说、故⑮、喜、怒、哀、乐、爱、恶、欲以心异。心有征知。征知则缘耳而知声可也，缘目而知形可也，然而征知必将待天官之当簿⑯其类然后可也。五官簿之而不知，心征之而无说，则人莫不然谓之不知，此所缘而以同异也。

【注释】

①天官：指耳、目、鼻、口、身等器官。

②意物：对事物的感觉印象。

③疑：通"拟"，模拟。

④约名：共同约定的名称。

⑤期：会合，交际。

⑥声音：古代乐音分为宫、商、角、徵、羽五音，单发的某一音叫"声"，相配合而发出的几个音叫"音"。

⑦竿：古代的一种吹奏乐器，由排列的竹管制成，有些像笙。竿主要用

来协调其他乐器，所以这里只说"竽"。

⑧郁：草木腐臭。

⑨腥：猪身上的臊臭气味。

⑩臊：狗身上的腥臭气味。

⑪洒：通"蹂"，马身上的臊臭气味。

⑫酸：牛身上的臊臭气味。

⑬沧：寒冷。

⑭铍：通"涩"。

⑮故：通"固"，烦闷。

⑯簿：通"薄"，迫近。

【译文】

那么根据什么来区别名称的同异呢？回答是：根据人的感官。只要是同一民族、相同性情的人，他们的感官对事物的感觉都是一样的，因此对事物模仿得大体相似就能相互沟通，这就是人们共同约定名称来交往的原因。事物的形状、颜色、纹理，用眼睛来区别，声音的清浊、和谐的乐曲与杂乱的声音，用耳朵来区别；甜、苦、咸、淡、辣、酸及怪味，用嘴巴来分别；香、臭、芬芳、腐臭、腥、臊、马膻气、牛膻气及奇怪的气味，用鼻子来区别；痛、痒、寒、热、滑、涩、轻、重，用身体来区别；高兴、烦闷、喜、怒、哀、乐、爱、恶、欲，用心来区别。心对事物有感知的能力。感知，在耳朵方面就可以听到声音，在眼睛方面就可以看见形状，但是这种感知必须等到感觉器官对事物进行接触以后才能发挥作用。五官能够靠近事物却不能对事物进行分析，心能够感知事物却不能说出道理，人们就没有不认为他无知的了，这就是区分名称同异的根据。

【原文】

然后随而命之：同则同之，异则异之，单①足以喻则单，单不足

以喻则兼，单与兼无所相避则共^②，虽共，不为害矣。知异实者之异名也，故使异实者莫不异名也，不可乱也，犹使异实者莫不同名也。故万物虽众，有时而欲遍^③举之，故谓之物。物也者，大共名也。推而共之，共则有共，至于无共然后止。有时而欲遍举之，故谓之鸟兽。鸟兽也者，大别名也。推而别之，别则有别，至于无别然后止。名无固宜，约之以命。约定俗成谓之宜，异于约则谓之不宜。名无固实，约之以命实，约定俗成谓之实名。名有固善，径易而不拂，谓之善名。物有同状而异所^④者，有异状而同所者，可别也。状同而为异所者，虽可合，谓之二实。状变而实无别而为异者，谓之化。有化而无别，谓之一实。此事之所以稽实定数也，此制名之枢要也。后王之成名，不可不察也。

【注释】

①单：单名，指单个字。
②共：指同一名称。
③遍：当作"偏"。
④所：实质。

【译文】

　　然后随之给事物命名：相同的事物取相同的名称，不同的事物取不同的名称，单个字能够使人明白的就取单名，单个字不能使人明白的就取复名，单名与复名不需要相互回避的就用同一名称，虽然用了同一名称，也不会有什么妨害。知道不同的事物应有不同的名称，所以就给不同的事物取不同的名称，这是不能混乱的，这就像相同的事物都有相同的名称一样。所以万物虽然众多，有时候要把它们全部概括起来，就统称为物。物这个名称，是一个大的共同名称。以此类推来确定共同名称，共同名称中又有共同的名称，直到无法再有共同名称为止。有时候要把一部分事物概括起来，就叫鸟兽。鸟兽这个名称，也是一个大的别名。以此类推，个别名称中又有个别名称，直到不能再有个别名称为止。名称没有什么合适不合适，只是人们约定俗成而已。对一种事物约定用一种名称，习惯了也就适宜了，不符合习惯的就叫不适宜。名称没有本来代指的固定实物，人们约定来代表一种实物，习惯了也就是这种实物的名称了。名称有起得好的，简单而不悖事理，就叫好名称。事物有相同形状而实质不同的，有形状不同而实质相同的，那用名称就可以来分别了。形状相同而实质不同的，即使可以合用一个名称，仍然叫作两个实物。形状变化而实质没有变化却成为异物的，这叫作"变化"。有了变化而实质没有变的，仍然叫一个实物。这就是为什么要考察事物的实质，来确定事物数目的缘故，这也是给事物取名的关键。近代君主在取名的时候，对此不能不明察。

【原文】

　　"见侮不辱""圣人不爱己^①""杀盗非杀人也^②"，此惑于用名以乱名者也。验之所以为有名而观其孰行，则能禁之矣。"山渊平^③""情欲寡""刍豢不加甘，大钟不加乐"，此惑于用实以乱名者也。验之所缘无以同异而观其孰调，则能禁之矣。"非而谒楹有牛^④，马非马也^⑤"，此惑于用名以乱实者也。验之名约，以其所受悖^⑥其所辞，则能禁之矣。凡邪说辟^⑦言之离正道而擅作者，无不类于三惑者矣。故明君知其分而不与辨也。

【注释】

　　①圣人不爱己：此说法出于何家不详。

　　②杀盗非杀人也：这是墨子的说法，见《墨子·小取》。

③山渊平：这是惠施的说法。

④非而谒楹有牛：不详其说。

⑤马非马也：疑为公孙龙的说法。

⑥悖：违反，反驳。

⑦辟：通"僻"，邪僻。

【译文】

"受到了污辱并不是耻辱""圣人不爱惜自己""杀死盗贼并不是杀人"，这些错误的说法是用名称来扰乱名称。只要考察一下为什么要有名称，再看看哪一种行得通，就能禁止这种错误的说法了。"高山和深渊一样平""人的情欲少""肉食并不比普通的食物美味，大钟的声音并不能使人快乐"，这些错误的说法是用实物来扰乱名称的。只要考察一下为什么有同有异，再看看这些说法哪种更符合实际情况，就能够禁止了。"互相排斥，又互相包含有牛，马不是马"，这种错误的说法是用名称来扰乱实物的。只要考察一下约定俗成的名称，用他们赞成的来反驳他们反对的，就可以禁止了。大凡邪说怪论都是离开了正道而胡说八道，没有不类似这三种情况的。所以英明的君主知道这些区别而不与之争辩。

【原文】

君子之言，涉然①而精，俛然②而类③，差差然而齐。彼正其名，当其辞，以务白其志义者也。彼名辞也者，志义之使也，足以相通则舍之矣；苟之，奸也。故名足以指实，辞足以见极，则舍之矣。外是者谓之讱④，是君子之所弃，而愚者拾以为己宝。故愚者之言，芴然⑤而粗，啧然⑥而不类，诸诸然⑦而沸。彼诱其名，眩其辞，而无深于其志义者也。故穷借而无极，甚劳而无功，贪而无名。故知者之言也，虑之易知也，行之易安也，持之易立也；成则必得其所好而不遇其所

恶焉。而愚者反是。《诗》曰："为鬼为蜮，则不可得；有靦⑧面目，
视人罔极。作此好歌，以极反侧。"⑨此之谓也。

【注释】

①涉然：深入的样子。

②俛然：切近、靠近。俛，同"俯"。

③类：有条理。

④讱（ren）：迟钝、艰难。

⑤芴然：忽然，没有根据的样子。芴，同"忽"。

⑥啧然：争吵。

⑦谘谘（tà）然：多言。

⑧靦（tian）：惭愧的样子。

⑨上述诗句见《诗经·小雅·何人斯》。

【译文】

君子的言论，深入而又精辟，切近事实而有条理，具体说法有点参差不齐却观点始终如一。他使名称正确无误，辞句恰当确切，以此来努力表明他的思想志义。那些名称、辞句，是思想志义所指使的，足以用来实现互相沟通，别的就可以不管了；但如果苟且使用它们，那就是邪恶。所以名称能够用来表示实际事物，辞句足以用来表达主旨，别的就可以不管了。如此以外就叫做语言迟钝，这是君子所鄙弃的，但愚蠢的人却拣来当作宝贝。所以蠢人的言论，来得快却没有根据而粗糙模糊，吵吵嚷嚷而不舍法度条理，罗唆且嘈杂。他们搬弄名称以为诱惑，辞句眼花缭乱，而却毫无没有增加思想志义的深意。所以他们多方面地使用假名虚辞而无所极，用力甚多却没有功效，贪于多得却没有声誉。所以，智者的言论，思索它容易理解，实行它容易安稳，持有它就容易站得住脚；完成时一定能得到自己所期待的结果，而不会遇到自己所厌恶的东西。可是愚蠢的人却与此相反。《诗》云：

"你若是鬼是短狐，那就无法看清楚；你的如此面目，没有定准让人看不透？作此好歌唱一唱，用表明你的反复无常。"说的就是这种人啊。

【原文】

性者，天之就也；情者，性之质①也；欲者，情之应②也。以所欲为可得而求之，情之所必不免也。以为可而道③之，知④所必出也。故虽为守门，欲不可去，性之具也。虽为天子，欲不可尽⑤。欲虽不可尽，可以近尽也；欲虽不可去，求可节也。所欲虽不可尽，求者犹近尽；欲虽不可去，所求不得，虑者欲节求也。道⑥者，进则近尽，退则节求，天下莫之若也。

【注释】

①质：实质、实际。

②应：感应、反应。

③道：引导。

④知：智慧。

⑤尽：完全满足。

⑥道：对待欲望的正道。

【译文】

本性，是天生而成的，情感，是本性的实质内容；欲望，是情感对外界事物的反应。认为想要的东西是可以得到，从而去追求它，这是情感所必不能免的。认为如此可行而去引导去实行，这是智慧必定会作出的打算。所以即使是看门的人，欲望也不可能去掉，因为这是人的本性所具有的。虽然是贵为天子，欲望也不可能全部满足。欲望虽然不可能全部满足，却可以接近于全部满足；欲望虽然不可能去掉，但对满足欲望的追求却是可以节制的。欲望虽然不可能全部满足，追求的人还是能接近于全部满足的；欲望最然不可能去掉，追求的东西不能得到，用心思考的人就会打算节制自己的追求。正道就是这样，进则可以接近于完全满足自己的欲望，退则可以节制自己的追求，世上没有什么可以比得上它的了。

点师名评

　　《论语》中说："名不正，则言不顺；言不顺，则事不成；事不成，则礼乐不兴；礼乐不兴，则刑罚不中。"由此可见正名的重要性。孔子是从政治观念方面谈的，荀子继承了儒家的正名思想，对名、实问题从逻辑方面做了更深刻的阐述。荀子认为，事物叫什么名字是"约定俗成"的，但是这种"约定俗成"建立在客观事物的实际基础上，所以给事物定名称的时候要"稽实"。在文中，荀子对于概念、判断、推理等思维形式也都进行了研究。荀子发扬了他尊重客观事实的精神，进而又强调"正名"能"明贵贱"、"辨同异"、"率民而一"等政治内涵。

延伸/阅读

　　公孙龙是战国末期赵国人，是名家的代表人物，尤以诡辩著称。在他的诡辩论当中，最有名的要数"白马非马论"了。相传"白马非马"的故事是这样的：

　　有一天，公孙龙骑着一匹白马来到函谷关，想要进入秦国。因为当时赵国的马匹正在流行一种烈性传染病，为了防止这种传染病传入秦国，秦王下令禁止赵国的马匹入关，所以函谷关吏对公孙龙说："你可以入关，但马不可以。"

公孙龙争辩说："白马不是马，为什么不可以过关呢？"

关吏说："白马是马。"

公孙龙微笑着说："'马'指的是名称，'白'指的是颜色，名称和颜色是两个不同的概念。'白马'就是白色的马，和马是不一样的。比方说你要马，可以给你黄马，也可以给你黑马，但是如果你要白马，就不能给你黄马和黑马，由此证明'白马'和'马'是两回事，白马不是马。"

关吏被公孙龙的这番话弄得晕头转向，不知道该怎么回答，只好让公孙龙骑着白马入关了。从此，公孙龙的"白马非马论"名扬天下。

学海/拾贝

☆ 故王者之制名，名定而实辨，道行而志通，则慎率民而一焉。

☆ 故知者为之分别，制名以指实，上以明贵贱，下以辨同异。

☆ 知异实者之异名也，故使异实者莫不异名也，不可乱也，犹使异实者莫不同名也。

☆ 名无固实，约之以命实，约定俗成谓之实名。

性　恶

　　本篇系统地阐述了荀子的"性恶论"主张，在先秦诸子关于人性问题的讨论别树一帜。荀子对孟子的"性善论"进行了批驳。荀子认为人性本恶，因为人生来就有好利之心，顺着这种本性发展，就会导致社会混乱。荀子说："性者，本始材朴也；伪者，文理隆盛也。"（《礼论》）强调只有经过人为加工，天然的东西才能美好完善。因此主张通过礼义、法度和良师来改变人的本性。走进本文，仔细体会荀子的人性观吧！

【原文】

　　人之性恶，其善者伪也。今人之性，生而有好利焉，顺是，故争夺生而辞让亡焉；生而有疾①恶焉，顺是，故残贼生而忠信亡焉；生而有耳目之欲，有好声色焉，顺是，故淫乱生而礼义文理亡焉。然则从②人之性，顺人之情，必出于争夺，合于犯分乱理而归于暴。故必将有师法之化，礼义之道③，然后出于辞让，合于文理，而归于治。用此观之，然则人之性恶明矣，其善者伪也。故枸木④必将待檃栝⑤烝矫然后直，钝金必将待砻⑥厉⑦然后利。今人之性恶，必将待师法然后正，得礼义然后治。今人无师法则偏险而不正，无礼义则悖乱而不治。古者圣王以人之性恶，以为偏险而不正，悖乱而不治，是以为之起礼义、制法度，以矫饰人之情性而正之，以扰化人之情性而导之也。始皆出于治，合于道者也。今之人，化师法，积文学，道礼义者为君子；纵性情，安恣睢，而违礼义者为小人。用此观之，然则人之性恶明矣，其善者，伪也。

【注释】

①疾：妒忌。

②从：同"纵"，放任，放纵。

③道：同"导"，引导。

④枸木：弯曲的木材。

⑤檃（yǐn）栝（kuò）：矫正弯曲的木材的工具。

⑥砻（lóng）：磨。

⑦厉：同"砺"，磨刀石。

扫码看视频

【译文】

　　人的本性是邪恶的，善良的行为是后天人为的。现在人的本性，生下来就喜好财利，放任这种本性，所以产生了争夺而失去了谦让；生来就有妒忌和憎恨之心，放任这种本性，所以产生了残杀陷害而失去了忠诚信用；生来就有满足声色享乐的欲望，又爱好音乐、美色，放任这种本性，所以就产生了淫乱而失去了礼法。那么放任人的本性，依从人的感情，就势必产生争夺，发生背离等级名分、扰乱事理的行为而造成暴乱的局面。所以必须要有老师、法令的教化，礼义的引导，然后从谦让出发，举止符合礼法，从而使国家太平。由此看来，人的本性是邪恶的就很清楚了，善良的行为是后天人为的。所以弯曲的木材必须借助矫木的器具进行蒸烤和矫正才能变得笔直，不锋利的兵器必须经过磨砺才能变得锋利。现在人的本性是邪恶的，必须借助老师和法令才能变得端正，借助礼义的教导才能获得治理。

当今的人没有老师和法令就会偏邪阴险而不端正，没有礼义就会悖理混乱而得不到治理。古时的圣王认为人的本性是恶的，认为人偏邪阴险而不端正，悖理混乱而得不到治理，所以设置了礼义、制定了法度，用来整饬人们的本性而使他们端正，用来教化人们的本性而进行引导，使他们的举止遵守秩序，符合正道。当今的人，受到老师和法令的教化，储备文化知识，遵守礼义的就是君子；放任性情，胡作妄为，违背礼义的就是小人。由此看来，人的本性是邪恶的就很清楚了，善良的行为是后天人为的。

【原文】

孟子曰："今之学者，其性善。"曰：是不然。是不及知人之性，而不察乎人之性、伪之分者也。凡性者，天之就也，不可学，不可事；礼义者，圣人之所生也，人之所学而能，所事而成者也。不可学、不可事而在人①者谓之性，可学而能、可事而成之在人者谓之伪。是性、伪之分也。今人之性，目可以见，耳可以听。夫可以见之明不离目，可以听之聪不离耳，目明而耳聪，不可学明矣。孟子曰："今人之性善，将皆失丧其性故也。"曰：若是，则过矣。今人之性，生而离其朴②，离其资③，必失而丧之。用此观之，然则人之性恶明矣。所谓性善者，不离其朴而美之，不离其资而利之也。使夫资朴之于美，心意之于善，若夫可以见之明不离目，可以听之聪不离耳，故曰目明而耳聪也。今人之性，饥而欲饱，寒而欲暖，劳而欲休，此人之情性也。今人饥，见长④而不敢先食者，将有所让也；劳而不敢求息者，将有所代也。夫子之让乎父，弟之让乎兄，子之代乎父，弟之代乎兄，此二行者，皆反于性而悖于情也；然而孝子之道，礼义之文理也。故顺情性则不辞让矣，辞让则悖于情性矣。用此观之，然则人之性恶明矣，其善者伪也。

【注释】

① 人：疑为"天"。
② 朴：淳朴，质朴。
③ 资：禀赋。
④ 长：长辈。

【译文】

孟子说："人们之所以学习，是因为本性是善良的。"回答说：这种说法是错误的。这是不了解人的本性，没有洞察人们先天的本性和后天人为的区别。凡是本性，是天生就有的，不是通过学习和后天的努力就能做到的；礼义，是圣人创立的，人们通过学习就能做到，努力去做就能成功。不能通过学习、努力就能做到而天生就有的就叫作本性，通过学习就能做到、通过努力就能成功的就叫作人为。这是人的本性和后天人为的区别。现在人们的本性，眼睛可以看东西，耳朵可以听声音。可以看清楚离不开眼睛，可以听清楚离不开耳朵，眼睛明亮而耳朵灵敏，是不能通过学习学到的就很清楚了。孟子说："现在人的本性是善良的，之所以会变恶是因为丧失了本性。"回答说：要是这样说，就不对了。现在人的本性，生来就脱离了淳朴，脱离了资质，那么一定就丧失本性。由此看来，人的本性是邪恶的就很清楚了。所谓本性善良，是指不脱离淳朴而觉得美，不脱离资质而觉得好。资质、淳朴对于美，心意对于善良，就像视力清晰离不开眼睛，听力清楚离不开耳朵，所以说眼睛明亮而耳朵灵敏。现在人的本性，饿了想要吃饱，冷了想要温暖，累了想要歇息，这是人的天性。现在的人若是饿了，见到年长的不敢先吃，要有所谦让；累了不敢请求歇息，要代替长辈劳动。儿子谦让父亲，弟弟谦让哥哥，儿子为父亲代劳，弟弟为哥哥代劳，这两种做法，都是违背人的本性又背离了人的性情的；但是这是孝子遵循的原则，是礼义的制度。所以依从性情就没有了谦让，谦让就违背了性情。由此看来，人的本性是邪恶的就很清楚了，善良的行为是后天人为的。

【原文】

问者曰："人之性恶，则礼义恶生？"应之曰：凡礼义者，是生于圣人之伪，非故①生于人之性也。故陶人埏埴②而为器，然则器生于工人③之伪，非故生于人之性也。故工人斫木而成器，然则器生于工人之伪，非故生于人之性也。圣人积思虑，习伪故，以生礼义而起法度，然则礼义法度者，是生于圣人之伪，非故生于人之性也。若夫目好色，耳好声，口好味，心好利，骨体肤理好愉佚，是皆生于人之情性者也，感而自然，不待事而后生之者也。夫感而不能然，必且待事而后然者，谓之生于④伪。是性、伪之所生，其不同之征也。故圣人化性而起伪，伪起而生礼义，礼义生而制法度。然则礼义法度者，是圣人之所生也。故圣人之所以同于众，其不异于众者，性也；所以异而过众者，伪也。夫好利而欲得者，此人之情性也。假之人有弟兄资财而分者，且顺情性，好利而欲得，若是则兄弟相拂夺矣；且化礼义之文理，若是则让乎国人矣。故顺情性则弟兄争矣，化礼义则让乎国人矣。凡人之欲为善者，为性恶也。夫薄愿厚，恶愿美，狭愿广，贫愿富，贱愿贵，苟无之中⑤者，必求于外；故富而不愿财，贵而不愿势，苟有之中者，必不及于外。用此观之，人之欲为善者，为性恶也。今人之性，固无礼义，故强学而求有之也；性不知礼义，故思虑而求知之也。然则生而已，则人无礼义，不知礼义。人无礼义则乱，不知礼义则悖。然则生而已，则悖乱在己。用此观之，人之性恶明矣，其善者伪也。

【注释】

①故：通"固"，原来，本来。
②埏（shān）埴（zhí）：调和黏土。
③工人：当为"陶人"。
④生于：当为衍文。
⑤中：本身。

【译文】

有人问："人的本性是邪恶的，那么礼义是从哪里产生的呢？"回答说：大凡礼义，都是圣人在后天创立的，不是本来就产生于人的本性的。所以烧制陶器的匠人调和黏土制造陶器，那么陶器产生于陶器工人的制作，而不是本来就产生于人的本性。所以木匠砍伐树木制造木器，那么木器产生于木匠的加工，而不是本来就产生于人的本性。圣人深思熟虑，学习人为的事理，设置礼义而制定法度，那么礼义和法度，是圣人人为确立的，并不是本来就产生于人的本性。至于眼睛喜欢看美色，耳朵喜欢听音乐，嘴巴喜欢吃美味，内心喜欢私利，身体喜欢愉快舒适，这些都是从人的性情中产生的，受到感触就自然形成了，不是通过人为就产生的。那些受到感触并不如此，一定要凭借后天的努力才能形成的，就叫作人为。这是本性和人为产生的情况，也是本性和人为的不同特征。所以圣人改变人们邪恶的本性而做出后天的努力，就产生了礼义，礼义产生后就制定法度。那么礼义和法度，是圣人制定的。所以圣人和普通人一样，和普通人没有差别的地方，就是与生俱来的本性；和普通人不一样而又超过普通人的地方，就是后天的努力。喜欢私利并想要获取，这是人的本性。假如兄弟二人分配财产，如果依从性情，喜欢私利并想要获取，那么兄弟二人就会相互争夺；如果受到礼义制度的教化，那么就会相互谦让了。所以放纵性情那么兄弟之间就会发生争夺，受到礼义教化就会相互谦让。凡是人想要行善，都是因为本性是邪恶的。薄的希望变厚，丑的希望变美，窄的希望变宽，穷的希望变富，卑贱的希望变高贵，如果本身没有某种东西，就必定向外寻求；所以富有的不去想钱财，高贵的不去想权势，如果本身拥有某种东西，就必定不向外寻求。由此看来，人们想要行善，是因为本性是邪恶的。现在人的本性，本来没有礼义的内容，所以努力学习希望得到它；本性不懂得礼义，所以用心思考希望了解它。这样就本性而言，人们没有礼义，也不懂得礼义。人们没有礼义就会陷入混乱，不懂得礼义就会违背事理。但是就本性而言，悖乱就在自身了。由此看来，人的本性是邪恶的就很清楚了，善良的行为是后天人为的。

【原文】

孟子曰："人之性善。"曰：是不然。凡古今天下之所谓善者，正理平治也；所谓恶者，偏险悖乱也。是善恶之分也已。今诚以人之性固正理平治邪？则有恶用圣王，恶用礼义矣哉！虽有圣王礼义，将曷加于正理平治也哉！今不然，人之性恶。故古者圣人以人之性恶，以为偏险而不正，悖乱而不治，故为之立君上之势以临之，明礼义以化之，起法正以治之，重刑罚以禁之，使天下皆出于治，合于善也。是圣王之治，而礼义之化也。今当试①去君上之势，无礼义之化，去法正之治，无刑罚之禁，倚②而观天下民人之相与也。若是，则夫强者害弱而夺之，众者暴寡而哗之，天下之悖乱而相亡不待顷矣。用此观之，然则人之性恶明矣，其善者伪也。故善言古者必有节③于今，善言天者必有征于人。凡论者，贵其有辨④合，有符验，故坐而言之，起而可设，张而可施行。今孟子曰"人之性善"，无辨合符验，坐而言之，起而不可设，张而不可施行，岂不过甚矣哉！故性善则去圣王，息礼义矣；性恶则与圣王，贵礼义矣。故檃栝之生，为枸木也；绳墨之起，为不直也；立君上，明礼义，为性恶也。用此观之，然则人之性恶明矣，其善者伪也。直木不待檃栝而直者，其性直也；枸木必将待檃栝烝矫然后直者，以其性不直也。今人之性恶，必将待圣王之治，礼义之化，然后皆出于治，合于善也。用此观之，然则人之性恶明矣，其善者伪也。

【注释】

①当试：当为"尝试"。
②倚：立。
③节：验证。
④辨：通"别"，古时借贷时使用的一种凭证，分为两份，双方各执一份。

【译文】

　　孟子说："人的本性是善良的。"回答说：这种说法是错误的。凡是古往今来天下人所说的善，是指符合法度、遵守秩序；所说的恶，是指偏邪险恶、悖道作乱。这是善良和邪恶的差别。如今真以为人的本性本来就符合法度、遵守秩序吗？那还要圣王做什么，要礼义做什么呢？就算有圣王和礼义，又能在符合法度、遵守秩序的本性上增加什么呢？而今看来并不是这样，因为人的本性是邪恶的。所以古代的圣人认为人的本性是邪恶的，认为人的本性偏邪险恶而不端正，悖道作乱而得不到治理，所以建立了君王的权威来管理他们，提倡用礼义来教化他们，制定法度来治理他们，加重刑罚来禁止他们违犯法纪，使国家达到安定有序，行为善良。这就是圣王的治理与礼义的教化。现在试着摒弃君王的权威，取消礼义的教化，废弃法度的管理，不用刑罚禁止违犯法纪，站在旁边观察天下人的交往。假如这样，那么强大的就会伤害弱小的，并对他们进行掠夺，人多的就会欺负人少的，并对他们进行侵扰，天下的人悖道作乱而各国相互灭亡就指日可待了。由此看来，人的本性是邪恶的就很清楚了，善良的行为是后天人为的。所以喜好谈论古代事情的人必定会用现代做验证，喜好谈论天的人必定会用人做验证。凡是辩论，重要的是要有凭证，要能检验，所以坐下来谈论，站起来可以布置，推广起来可以施行。如今孟子说"人的本性是善良的"，没有凭证、不能检验，坐下来谈论它，站起来却不能布置，推广起来却不能施行，这不是很荒谬吗？所以本性善良就可去掉圣王，取消礼义了；本性邪恶就要认同圣王，尊崇礼义了。所以矫木器具的出现，是因为有弯曲的木材；绳墨的出现，是因为有不直的木材；设立君王，提倡礼义，是因为人性本恶。由此看来，人的本性是邪恶的就很清楚了，善良的行为是后天人为的。笔直的木材不需要矫木器具就是直的，因为它的本性就是直的；弯曲的木材一定要借助矫木器具的蒸烤和矫正才能变直，因为它的本性就是不直的。如今人的本性是邪恶的，必须依赖圣王的治理，礼义的教化，然后才能达到社会安定，行为善良。由此看来，人的本性是邪恶的就很清楚了，善良的行为是后天人为的。

点师名评

　　"性恶论"是荀子的思想中非常著名的一个命题，是荀子哲学思想的基础。文章开篇就点明"人之性恶，其善者伪也"的观点，接着展开论证，提出矫正人性的方法。荀子尤其重视礼义、法度和教育对于人性的影响，主张"化性起伪"，以"师法之化，礼义之道"去改变人的天性。"性恶论"思想内涵丰富，其中提到的道德教化等主张，对于提高个人修养、完善德治教育具有一定的指导意义。

延伸/阅读

　　"性善论"出自《孟子·告子上》，是儒家学派最具代表性的人性学说之一，是孟子思想体系的重要组成部分，也是他仁政和王道学说的理论基石。孟子认为，人性是人类区别于动物的特性，人性中的善是与生俱来的，人之所以会变恶，是因为受到了后天环境的影响，所以他主张养护自身的善性。

　　孟子的"性善论"和荀子的"性恶论"，虽然出发点不同、内容不同，但最终的目标是一样的，都是为了劝诫人们向善。这两种学说都对后世有着深远的影响，尤其是孟子的"性善论"后来成为封建社会正统的人性学说。

学海/拾贝

　☆ 人之性恶，其善者伪也。

　☆ 古者圣王以人之性恶，以为偏险而不正，悖乱而不治，是以为之起礼义、制法度，以矫饰人之情性而正之，以扰化人之情性而导之也。

☆ 凡性者，天之就也，不可学，不可事；礼义者，圣人之所生也，人之所学而能，所事而成者也。

☆ 故圣人化性而起伪，伪起而生礼义，礼义生而制法度。

赋

名师导读

　　赋是中国古代一种介于诗歌和散文之间的文学体裁。最早把赋作为文体名，肇始于荀子的这篇《赋》。在本文中，荀子通过五篇赋和一首佹诗、一首小歌表达了自己的政治主张，抒发了对时政的不满和批判。

【原文】

　　爰①有大物，非丝非帛，文理②成章③。非日非月，为天下明。生者以寿，死者以葬，城郭以固，三军以强。粹而王，驳而伯④，无一焉而亡。臣愚不识，敢请之王。王曰：此夫文而不采者与？简然易知而致有理者与？君子所敬而小人所不者与？性不得则若禽兽，性得之则甚雅似⑤者与？匹夫隆之则为圣人，诸侯隆之则一四海者与？致明而约，甚顺而体，请归之礼。礼

【注释】

　　①爰（yuán）：于，在这里。

　　②文理：这里语带双关，表面指丝织品的花纹，实指礼节仪式。

　　③章：语带双关，表面指有花纹的纺织品，实指规章制度。

扫码看视频

④伯：通"霸"。

⑤似：语助词。

【译文】

这里有一个庞然大物，不是丝绸，不是帛，条理清晰，蔚然成章。不是太阳，不是月亮，却能使天下都光明。活着的人得以长寿，死了的人得以安葬，城郭得以稳固，三军得以强大。完全运用就能称王，不完全按照它的要求来做，也能称霸诸侯，完全不按照它的要求来做就会灭亡。我很愚昧，不认得此物，向君王请教。君王说：这个物体有文饰而不够华丽吧？简单明了而又有条理吧？是君子所敬重的，也是小人所否定的吧？若是本性中没有就如同禽兽，本性中若是有了就非常端正吧？普通人若是敬重它就会成为圣人，诸侯若是敬重它就会统一天下吧？最简单也最明了，非常顺畅得体，就把它归结为礼吧。以上是礼赋。

【原文】

皇天隆①物，以示下民，或厚或薄，帝不齐均。桀、纣以乱，汤、武以贤。涽涽②淑淑③，皇皇④穆穆⑤，周流四海，曾不崇日。君子以修，跖以穿室。大参乎天，精微而无形。行义以正，事业以成。可以禁暴足穷，百姓待之而后宁泰。臣愚不识，愿问其名。曰：此夫安宽平而危险隘者邪？修洁之为亲而杂污之为狄⑥者邪？甚深藏而外胜敌者邪？法禹、舜而能弇⑦迹者邪？行为动静，待之而后适者邪？血气之精也，志意之荣也，百姓待之而后宁也，天下待之而后平也，明达纯粹而无疵也，夫是之谓君子之知。知

【注释】

①隆：通"降"，降下。

②涽（hūn）涽：水混浊的样子，喻指神志不清。

③淑淑：水清澈的样子，喻指头脑清醒。

④皇皇：盛大的样子，形容智慧的浩瀚。

⑤穆穆：细微的样子，形容智慧的无声无息。

⑥狄：通"逖（tì）"，疏远。

⑦弇（yǎn）：承袭。

【译文】

上天降下一种东西，赐给了人民，有的多有的少，经常不均匀。桀、纣因此而祸乱，汤、武因此而贤能。有的混混沌沌，有的清清明明，有的大而又大，有的小而又小，流行于四海而走遍天下，还不到一天的时间。君子用它来修身养性，盗跖用它来穿堂越室。它和天一样高大，精细微小而无影无踪。德行道义因为它而端正，事业因为它而成功。可以用来禁止暴力，使穷人变得富有，百姓有了它之后，才能生活富足安康。我因为愚蠢不认得它，希望知道它的名字。回答说：它使宽厚平和的安全而使阴险狭隘的危险吧？对修身养性的人亲近而对污浊的人疏远吧？藏得非常深而又能在外战胜敌人吧？效法大禹、舜而能沿袭他们的道路吧？行为举止依靠它才会恰当吧？这是血气凝聚的精华，是思想的花朵，百姓依靠它才得到安宁，天下依靠它才得到和平，明白纯粹而且没有任何瑕疵，这就是君子的智慧。以上是智赋。

【原文】

有物于此，居则周静致下，动则綦高以钜①。圆者中规，方者中矩。大参天地，德厚尧、禹。精②微乎毫毛，而大盈乎大寓。忽兮其极之远也，攭③兮其相逐而反也，卬卬④兮天下之咸蹇也。德厚而不捐，五采备而成文。往来惛惫，通于大神，出入甚极，莫知其门。天下失之则灭，得之则存。弟子不敏，此之愿陈，君子设辞，请测意之。曰：此夫大而不塞者与？充盈大宇而不窕⑤，入郄⑥穴而不逼者与？行远疾速而不可托讯者与？往来惽憊而不可为固塞者与？暴至杀伤而不亿忌者与？功被天下而不私置者与？托地而游宇，友风而子雨。冬日作寒，夏日作暑。广大精神，请归之云。云

【注释】

①钜：庞大。
②精：小。
③蠡（lì）：旋转的样子。
④卬卬：同"昂昂"，高高的样子。
⑤窕：间隙。
⑥郄：同"隙"，空隙。

【译文】

这里有一种东西，静止的时候就会安安静静地弥漫于地面，活动的时候就会非常高大和庞大。圆形的可以符合圆规，方形的可以符合曲尺。广大得可以和天地相比，品德比尧、舜还高尚。精细微小的时候比毫毛还小，大的时候能充满整个宇宙。它能忽然之间到达非常遥远的地方，回旋时互相追逐往返，聚集化成雨之后，天下万物都能得到它的滋润。它德行敦厚而不遗弃人，有了五种颜色就能成为美丽的花纹。来去昏暗隐蔽，变幻莫测，出入很快，没有人知道它从什么地方来的。天下若是没有它就会灭亡，得到它才能生存。弟子不聪明，只能将这种现象加以描述，君子设立这一隐辞，请猜测它是什么。回答说：这东西庞大而又不会堵塞吧？充满整个宇宙而又不留空隙，进入狭小的穴洞里而不会感到狭窄吧？能飞快地行走很远却不能带口信吧？来来往往非常隐蔽，不能被堵塞吧？突然到来，杀

伤万物而毫无顾忌吧？它的功德可以与天相比，却不自以为有德吧？生于地上而悠游于宇宙之中，和风做朋友，雨是它的儿子。冬天非常寒冷，夏天非常炎热。它非常广大，至精至神，这就可以归结为云。以上是云赋。

【原文】

有物于此，儳儳[①]兮其状，屡化如神。功被天下，为万世文。礼乐以成，贵贱以分。养老长幼，待之而后存。名号不美，与暴为邻。功立而身废，事成而家败。弃其耆老[②]，收其后世。人属所利，飞鸟所害。臣愚而不识，请占之五泰。五泰占之曰：此夫身女好[③]而头马首者与？屡化而不寿者与？善壮而拙老者与？有父母而无牝牡者与？冬伏[④]而夏游，食桑而吐丝，前乱而后治，夏生而恶暑，喜湿而恶雨。蛹以为母，蛾以为父。三俯三起，事乃大已。夫是之谓蚕理。

【注释】

①儳（luǒ）儳：通“倮倮”，没有毛、羽的样子。

②耆老：老年人。此处指蚕蛾。

③女好：柔婉。

④伏：蛰伏，指蚕眠。即蚕每次蜕皮前不食不动的现象。蚕在生长过程中要蜕皮四次。

【译文】

这里有一种东西，它的样子赤身裸体，多次变化奇妙如神。功德覆盖天下，成为万世的文饰。礼乐依靠它才成功，贵贱依靠它才得以分明。养活老人，扶持幼小，这都要依靠它才能办到。它的名字并不美好，和残暴相近。功业建立之后自身就会被废弃，事情办完了家庭就败落了。人们丢弃它的老人，而收养它的后代。它对人类有利，却被飞鸟伤害。我由于愚蚕不认得它，请五泰占卜。五泰占卜后说：这东西柔软美好，然而头部像马头吧？它经常变化却不长寿吧？它健壮的时候受到优待，老的时候就被抛弃了吧？它有父母却没有雌雄之分吧？它冬天蛰伏而夏天活动，吃的是桑叶而吐出来的是细丝，开始非常乱，后来就非常有条理了，夏天出生而厌恶酷暑，喜欢潮湿的地方而讨厌雨水。蛹是母亲，蛾是父亲。三次睡眠而又三次苏醒，事情才算成功。这就是蚕理。以上是蚕赋。

【原文】

有物于此，生于山阜，处于室堂。无知无巧，善治衣裳。不盗不窃，穿窬①而行。日夜合离，以成文章。以能合从②，又善连衡③。下覆百姓，上饰帝王。功业甚博，不见贤良。时用则存，不用则亡。臣愚不识，敢请之王。王曰：此夫始生钜，其成功小者邪？长其尾而锐其剽④者邪？头铦⑤达⑥而尾赵缭⑦者邪？一往一来，结尾以为事。无羽无翼，反复甚极。尾生而事起，尾遰⑧而事已。簪以为父，管以为母。既以缝表，又以连里。夫是之谓箴理。箴

【注释】

①穿窬（yú）：打通洞。这里语意双关，表面指打通墙洞入室偷窃的行为，实指针钻洞缝纫的动作。窬，洞。

②合从：即"合纵"。战国时，苏秦游说山东六国诸侯联合抗秦，六国的位置呈南北向，故称合纵。此文字面上借用"合纵"一词，实际上喻指针能将竖向的东西缝合在一起。从，通"纵"，竖向，南北方向。

③连衡：战国时，秦国为了对付合纵，采纳张仪的主张，与六国分别结成联盟，以便各个击破。秦在六国之西，东西联合，故称连横。此文字面上借用"连衡"一词，实际上喻指针缝合横向的东西。衡，通"横"，横向，东西方向。

④剽（biǎo）：末梢，指针尖。

⑤铦（xiān）：锐利。

⑥达：畅通无阻、来去自由的样子。

⑦赵（diào）缭：很长的样子。

⑧邅（zhān）：转，回旋，指打结。

【译文】

这里有一种东西，生于山丘，居住在屋子里。没有智慧也不灵巧，善于缝制衣服。不偷盗也不行窃，却穿洞而行。不分日夜地把分离的东西合并在一起，从而制成各种花纹。既能合纵，又能连横。下能覆育百姓，上能装饰帝王。功劳非常大，却不显示自己的贤良。用的时候就存在，不用的时候就消失。为臣愚钝，不认得此物，敢请教君王。君王说：这东西开始制作的时候非常巨大，制成的时候却非常细小吧？尾巴长长的而末端很锐利吧？头部尖尖的而末尾很细长吧？它一来一往，尾部打结才开始做事。没有羽毛也没有翅膀，往返来回很迅速。把线穿在尾巴上面就开始干活儿，把线回旋打结后就大功告成了。簪子被看作它的父亲，管子被看作它的母亲。既能够缝衣服的表面，又能缝衣服的里面。这就是针的道理。以上是针赋。

【原文】

天下不治，请陈佹诗①：天地易位，四时易乡②。列星殒坠，旦暮晦盲。幽晦登昭，日月下藏。公正无私，反见纵横；志爱公利，重楼③疏堂；无私罪人，憼④革⑤贰兵。道德纯备，谗口将将。仁人绌⑥约⑦，敖暴擅强。天下幽险，恐失世英。螭龙为蝘蜒，鸱枭为凤皇。比干见刳，孔子拘匡。昭昭乎其知之明也，郁郁乎其遇时之不祥也，拂乎其欲礼义之大行也⑧，暗乎天下之晦盲也。皓天不复，忧无疆也。千岁必反，古之常也。

弟子勉学，天不忘也。圣人共⑨手，时几将矣。与⑩愚以疑，愿闻反辞。

【注释】

①佹（guǐ）诗：因为诗中揭露了天下各种奇异反常的现象，所以称"佹诗"。佹，同"诡"，奇异激切。

②乡：通"向"。

③重楼：重叠之楼，即楼房。

④憼（jǐng）：同"儆"，戒备，防备。

⑤革：铠甲，指代战争。

⑥绌：通"黜"，贬退。

⑦约：穷困。

⑧"郁郁乎"两句：当作"拂乎其遇时之不祥也，郁郁乎其欲礼义之大行也"。

⑨共：通"拱"，拱手，两手在胸前相合，表示恭敬。

⑩与：通"予""余"，我。

【译文】

天下不安定，请听我陈述几首怪异的小诗：天地换了位置，四时转移了方向。天上的星星都坠落下来，从早到晚都是灰蒙蒙的。阴暗的小人登上了显位，像日月的君子却隐退了。内心公正无私，却被诬蔑为反复无常；立志为了公众的利益，却被说成是索要高楼大堂；不愿意因为私怨加罪人，却被作为敌人来严防。道德高尚却被谗言攻击。仁德的人被罢免而穷困，傲慢骄横的人却得到重用。天下幽暗危险，恐怕时代的英杰就要失去了。蛟龙被看成壁虎，猫头鹰却被看成凤凰。比干被剖腹挖心，孔子被拘留在匡地。他们的智慧是多么明亮，遇到了不祥的世道多么惆怅，多么光辉灿烂啊，他们想把礼义到处推广，而天下是这么的黑暗。皓天一去不复还，他们的忧虑没有边际。久了必定会反复，这是古代的常理。弟子们勤勉地学习，上天是不会忘记的。圣人拱手而立，等待上天赐予时机。我愚昧而又疑惑，愿意听反复地陈述。

【原文】

其小歌曰：念彼远方^①，何其塞^②矣。仁人绌约，暴人衍矣。忠臣危殆，谗人服矣。琁^③、玉、瑶^④、珠，不知佩也。杂布与锦，不知异也。闾娵^⑤、子奢，莫之媒也。嫫母、力父，是之喜也。以盲为明，以聋为聪；以危为安，以吉为凶。呜呼上天，曷维其同！

【注释】

①远方：委婉的说法，指荀子所在的楚国。
②塞：闭塞，此指仕途不顺，贤能不被任用。
③琁（xuán）：同"璇"，似玉的美石。
④瑶：美玉。
⑤闾娵（jū）：战国时魏国的美女。这里指代美女。

【译文】

小歌中唱道：想起那遥远的地方，是何等的闭塞。仁德的人被罢免而穷困，残暴的人到处横行。忠臣遇到危险了，奸人却得到重用。美玉珠宝，不知道佩戴。把粗布和锦帛放在一起，不知道它们的区别。美女闾娵和美男子子奢，都没有人为他们说媒。嫫母、力父这样丑陋的人却受到喜爱。把盲人说成目明，把聋人当作耳聪；把危险当作安全，把吉祥看作凶险。呜呼苍天，我怎么能和这样的人混同呢！

　　本文由《礼》《知》《云》《蚕》《箴》五篇小赋和一首佹诗、一首小歌组成。五篇小赋以主客问答的形式，以四言韵语为主，杂有散文形式，很像谜语，乃战国"隐书"一类，以托物言志的手法，寄寓了荀子的政治理想。佹诗和小歌则比较直白地揭露了社会上的不寻常现象，袒露了荀子内心的怨愤和忧郁，表现了荀子不与小人同流合污的高尚人格。文章含蓄蕴藉，铿锵激昂，托物讽喻的表现手法，对后代赋的形成具有极大的影响。

延伸/阅读

　　贾谊是汉朝初期著名的辞赋家。

　　贾谊小时候聪明好学，能写诗作文，才华卓绝。还未成年，他的名声就传遍了家乡。当年，朝廷派吴廷尉做河南太守，此人也非常有才华，并因为惜才爱才而特别为人们所称誉。吴太守上任之后，很快就听说了贾谊的诸多事迹，于是将其召至门下，甚是爱惜。

　　汉文帝即位之后，听说吴太守施政有方、官声颇佳，便召其入朝重用。

　　吴太守升迁之时，携贾谊同往京城，并将贾谊郑重推荐给了汉文帝。汉文帝见贾谊的确博学多才，是天下少有的才子，便让贾谊担任博士一职。

　　那时候，贾谊刚刚二十多岁，在同僚中他的年纪是最小的，但每次朝廷送来诏令的时候，别人都没有什么独到的见解，只有贾谊往往语出惊人，不由得令众同僚甘拜下风。汉文帝见贾谊小小年纪，便有如此不凡的才学和胸襟，一年之内，便破格将其擢升为太中大夫。

　　汉文帝即位不久，汉室江山已日渐稳固，国家经济得以稳定发展，社会秩序日渐良好，开始呈现出太平盛世的景象。于是，贾谊上书汉文帝，劝谏汉文帝趁天下太平之际，在全国修行历法、统一礼制、大兴礼乐，以显天子之威。汉文帝准允了贾谊的建议，并让他负责起草实施办法。贾谊奉命之后，更是勤奋努力，恪尽职守，颇得汉文帝的赞赏。

但是贾谊年少得志，这让很多老臣心怀不满，有的人向汉文帝说贾谊的坏话，认为贾谊年纪轻轻，便有专欲擅权的倾向。汉文帝听这类话的次数多了，不由得起了疑心。最后，贾谊被调离京城，出任长沙王太傅。

贾谊虽然年少，但经此宦海沉浮，对世事也多了几分认知，此次他被贬出京，心情非常抑郁，在渡湘水时，瞻仰先贤遗迹，不由得感伤入怀，作了《吊屈原赋》。在此赋之中，足见其悲世怜人的自伤情怀。

贾谊被贬到长沙，虽然是做长沙王太傅，但对一个志向高远、抱负远大的年轻人来说，如同闲居。文人学士又多以情感细腻而著称，所以贾谊某日见一只鸟飞入自己房内，便不禁浮想联翩。又因长沙称此鸟为"鹏鸟"，于是他又作了《鹏鸟赋》。

一年之后，贾谊入朝述职，汉文帝与他谈论治国之道，直至夜半方才允许贾谊返回。随后，汉文帝任贾谊为梁怀王太傅。梁怀王是汉文帝最钟爱的儿子，让贾谊来教导他，足见汉文帝对贾谊才学的认同和敬重。其间，汉文帝加封淮南厉王的四个儿子为列侯，贾谊认为诸侯势力过大，既不合礼制，又不便于中央管理，故而力谏汉文帝，但汉文帝不听。

几年以后，梁怀王坠马而死。贾谊深感身为太傅没有尽到责任而自责，从此以后一直郁郁不乐，第二年也去世了，死时年仅三十三岁。

学海 / 拾贝

☆ 致明而约，甚顺而体，请归之礼。

☆ 血气之精也，志意之荣也，百姓待之而后宁也，天下待之而后平也，明达纯粹而无疵也，夫是之谓君子之知。

☆ 昭昭乎其知之明也，郁郁乎其遇时之不祥也，拂乎其欲礼义之大行也，暗乎天下之晦盲也。